MÉMOIRE

SUR LE

TÉLOMÈTRE A PRISMES

APPAREIL DONNANT LA DISTANCE AU BUT

POUR LE TIR DES BOUCHES A FEU ET LES RECONNAISSANCES

PAR

C. M. GOULIER

CHEF DE BATAILLON DU GÉNIE, PROFESSEUR DE TOPOGRAPHIE A L'ÉCOLE IMPÉRIALE D'APPLICATION DE L'ARTILLERIE ET DU GÉNIE

EXTRAIT DU N° 18

DU

MÉMORIAL DE L'OFFICIER DU GÉNIE

SUIVI DE

L'INSTRUCTION PRATIQUE SUR L'EMPLOI DE L'APPAREIL

PARIS

LIBRAIRIE MILITAIRE

J. DUMAINE, LIBRAIRE-ÉDITEUR DE L'EMPEREUR

Rue et passage Dauphine, 30

1869

MODE D'EMPLOI DU TÉLOMÈTRE.

Deux opérateurs A et B, *dont l'un* A *peut être illettré,* observent aux extrémités d'un fil métallique AB. Ce fil est la base d'un triangle rectangle BAC dont la hauteur AC est la distance cherchée.

L'opérateur B lit directement la distance sur son instrument.

Deux à trois minutes suffisent pour une opération et sa vérification.

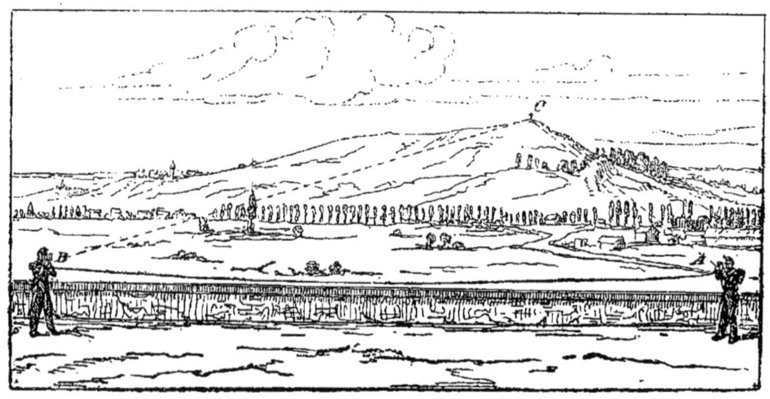

ATTITUDE DES OPÉRATEURS.

Opérateur B.

Pour éviter les oscillations latérales les opérateurs ont les jambes écartées et les coudes rapprochés du corps.

TRANSPORT DE L'INSTRUMENT

POUR L'ARTILLERIE.

La boîte du télomètre est enfermée dans un sac de cuir.

En route, ce sac se loge dans le coffre aux équipements.

Près de l'ennemi, il se suspend à la poignée d'un coffre d'avant-train. (Voir page 60.)

Sur le champ de bataille, il est porté à dos par le trompette ou l'ordonnance du capitaine. (Voir opérateur A ci-contre.)

Opérateur A.

MÉMOIRE

SUR LE

TÉLOMÈTRE A PRISMES

APPAREIL DONNANT LA DISTANCE AU BUT

POUR LE TIR DES BOUCHES A FEU ET LES RECONNAISSANCES

PAR

C. M. GOULIER

CHEF DE BATAILLON DU GÉNIE, PROFESSEUR DE TOPOGRAPHIE A L'ÉCOLE IMPÉRIALE D'APPLICATION DE L'ARTILLERIE ET DU GÉNIE

EXTRAIT DU N° 18

DU

MÉMORIAL DE L'OFFICIER DU GÉNIE

SUIVI DE

L'INSTRUCTION PRATIQUE SUR L'EMPLOI DE L'APPAREIL

PARIS

LIBRAIRIE MILITAIRE

J. DUMAINE, LIBRAIRE-ÉDITEUR DE L'EMPEREUR

Rue et passage Dauphine, 30

1869

Les télomètres se fabriquent chez M. Belliéni, opticien à Metz. Ce constructeur à exécuté, sous la direction de l'inventeur, les gabarits et les instruments spéciaux de vérification, qui sont indispensables pour la bonne construction de l'appareil.

Metz. – F. BLANC, imprimeur de l'Académie impériale. – 1869.

EXTRAIT

DES

REGISTRES DU COMITÉ DES FORTIFICATIONS.

Séance du 10 juillet 1866.

Le Comité entend le rapport d'une Commission chargée par lui d'examiner les Mémoires présentés pour concourir, en 1865, aux prix qui sont offerts chaque année aux officiers du génie, en vertu de la décision ministérielle du 27 janvier 1863.

Les Mémoires dont il s'agit sont au nombre de cinq.

. . . .

. . . .

Le Mémoire n° 5, rédigé par le commandant Goulier, est relatif à un instrument, le télomètre à prismes, de l'invention de cet officier supérieur.

L'instrument dont il s'agit a pour but de mesurer une distance sans la parcourir, avec une approximation suffisante pour le tir des bouches à feu et les reconnaissances.

Il est fondé sur cette propriété d'un triangle ABC, rectangle en A qu'exprime l'équation $b = \frac{c}{\text{tang } C}$.

Il se compose de deux appareils A et B reliés entre eux par un fil métallique dont la longueur est, à volonté, de 20 ou de 40 mètres, et qui sert de base dans l'opération à exécuter, laquelle exige le concours de deux observateurs.

L'appareil A contient un prisme réflecteur de forme pentagonale, à deux faces étamées, faisant entre elles l'angle de 45 degrés, et à deux autres faces transparentes se rencontrant sous l'angle de 90 degrés. Un rayon lumineux qui pénètre dans ce prisme par l'une des faces transparentes éprouve à l'intérieur une double réflexion et sort dans une direction perpendiculaire à sa direction primitive.

L'appareil B contient un prisme réflecteur, comme l'appareil A ; mais il est muni, en outre, d'un prisme réfracteur, composé de deux lentilles à axes optiques parallèles, l'une mobile par rapport à l'autre, et disposées, quant à la forme, pour qu'un rayon lumineux, de même direction que les axes optiques, traverse le système sans déviation, lorsque ces axes sont en coïncidence et éprouve au contraire, lorsque ces lentilles sont écartées l'une de l'autre, une déviation proportionnelle à cet écart.

Pour mesurer sur le terrain la longueur du côté AC du triangle ABC, l'un des observateurs se place en A, avec l'appareil A, l'autre en B, avec l'appareil B. Ils se font face à la distance AB, déterminée par la longueur du fil métallique qui relie ces deux appareils. Le premier se déplace latéralement jusqu'à ce que l'image du but C se projette sur B, auquel cas l'angle en A est droit. Le deuxième observateur voit, au moyen du prisme réflecteur, l'image de C dans une direction perpendiculaire à BC, mais il la ramène, au moyen du prisme réfracteur, dans la direction BA, et à cet effet il opère un déplacement de la lentille mobile, d'après lequel on connaît l'angle en C, et par suite la distance AC qui est inscrite sur l'instrument au lieu dudit angle.

L'auteur expose d'ailleurs une théorie des erreurs à craindre et de leur influence sur l'exactitude des mesures.

Une discussion à laquelle il soumet les résultats d'expériences, au nombre de onze cent quarante, lui permet de poser quelques conclusions, dont les principales sont les suivantes : 1° pour les distances moindres que 1 000 mètres, l'approximation est toujours suffisante pour les besoins de l'artillerie ; 2° avec la base de 40 mètres, l'erreur qui ne sera dépassée qu'une fois sur cent, est de 25 ou de 100 mètres pour les distances respectives de 1000 ou 2000 mètres ; 3° en répétant les observations et en prenant une moyenne, on diminue notablement les erreurs.

Il signale d'ailleurs les conditions à remplir pour le meilleur emploi de l'instrument.

Le télomètre à prismes dont il s'agit est une invention ingénieuse qui paraît résoudre, mieux que tous les appareils imaginés jusqu'à présent dans le même but, la question difficile de mesurer à peu près instantanément la distance à un but fixe ou mobile. Les expériences auxquelles on l'a soumis, dans les Écoles régimentaires du génie, démontrent que l'approximation qu'on en peut attendre, bien que variable avec la distance, est suffisante pour qu'il soit employé avantageusement dans un grand nombre de circonstances ; il est d'ailleurs d'une solidité satisfaisante et peut être confié à des mains inexpérimentées. Tel qu'il a été exécuté en dernier lieu, avec les perfectionnements que l'auteur y a introduits successivement, il réalise un progrès notable et paraît mériter ainsi, comme une œuvre d'une utilité incontestable, d'être récompensé par un premier prix.

D'après l'exposé qui vient d'être fait des Mémoires admis à concourir en 1865, le Comité est d'avis :

Qu'il soit accordé :

1° Au chef de bataillon Goulier, un premier prix pour son invention du télomètre à prismes et les perfectionnements qu'il a successivement apportés à cet instrument.

. . . .

. . . .

Pour extrait conforme :

Le Général de division, président du Comité,

Signé : E. DE CHABAUD LA TOUR.

Le Colonel du génie, secrétaire du Comité,

Signé : FOURNIER.

APPROUVÉ PAR LE MINISTRE

le 16 août 1866.

CONCOURS EN SUISSE.

En 1867 le Département militaire du Gouvernement suisse a ouvert un concours pour les instruments à déterminer les distances. A la suite de ce concours, en mars 1869, le télomètre à prismes a été classé le premier et primé.

MÉMOIRE

SUR LE

TÉLOMÈTRE A PRISMES

APPAREIL DONNANT LA DISTANCE AU BUT

POUR LE TIR DES BOUCHES A FEU ET DES RECONNAISSANCES

---

§ I. — PRINCIPES GÉOMÉTRIQUES ET OPTIQUES.

Principe géométrique.

1. Tous les procédés *géométriques* par lesquels on détermine la distance à un but inaccessible peuvent se ramener à la recherche d'un côté d'un triangle, quand on connaît sa base et deux angles. Tous les appareils que l'on a proposés pour résoudre le problème se rattachent directement ou indirectement à ce principe, et ils ne diffèrent que par les moyens employés, soit pour mesurer les angles, soit pour déduire, des valeurs de ceux-ci, une échelle indiquant immédiatement les distances.

Habituellement, au lieu d'un triangle quelconque, on emploie, pour cette solution, un triangle rectangle en A (*fig. 1*), et par l'une des relations

$$AC = AB \tan B, \quad AC = AB \cot C,$$

on conclut, la longueur cherchée, AC, des valeurs mesurées, tant de la base AB que de l'un des angles B ou C.

Ce principe géométrique, si simple et si souvent appliqué, est également celui du *télomètre* (*) *à prismes*. Dans cet appareil la mesure des angles A et B repose sur l'emploi de trois prismes en verre; deux de ceux-ci agissent par réflexion et le troisième par réfraction.

(*) De τελος, but.

Prismes réflecteurs.

2. Les deux prismes réflecteurs ont une section droite qui est représentée par la *fig. 2*. Les angles A et C sont respectivement de 90 et 45 degrés. Deux faces, AB, AD, sont transparentes, et deux autres, CB et CD, sont étamées. Les rayons lumineux tels que PI, qui proviennent d'un point P et qui pénètrent dans le prisme, y éprouvent deux réfractions, l'une à l'entrée et l'autre à la sortie, et deux réflexions successives sur les deux faces étamées. Or on peut démontrer que les rayons émergents, tels que IO semblent émaner d'une image de P, située en P'' dans le plan qui serait mené par P normalement aux génératrices du prisme, et telle que PIP'' est un angle droit (*). Si ce plan normal est la base supérieure du prisme, l'œil placé en O dans le plan de cette base pourra voir à la fois, le point P'' à l'aide de rayons doublement réfléchis, et un autre point Q à l'aide de rayons directs. Et si ces deux points sont vus dans la même direction, l'instrument sera au sommet d'un angle droit dont les côtés passeront l'un par P, l'autre par Q. Un prisme de ce genre peut donc servir, comme l'équerre d'arpenteur, à élever des perpendiculaires; mais avec cet avantage qu'on peut employer ce prisme à la main, sans support fixe.

Prisme réfracteur.

3. Le prisme réfracteur (*fig. 3*) est composé de deux lentilles de même foyer : l'une plan-concave, *lt*, a sa face plane perpendiculaire au rayon visuel O*m*; l'autre plan-convexe, LT, est une longue bande, large de 1 centimètre, taillée dans une grande lentille. Sa face plane est parallèle à celle de la première, et elle peut se déplacer latéralement dans une coulisse. Puisque ces lentilles ont le même foyer, la petite détruit la convergence que la grande a donnée aux rayons lumineux qui l'ont traversée. De sorte que l'œil placé en O voit les objets, à travers ces lentilles, comme il les verrait à travers un verre à faces planes. Lorsque les centres optiques M' et *m* des lentilles se

(*) C'est un cas particulier du principe du sextant. Les réfractions à l'entrée et à la sortie sont inverses et se compensent.

correspondent, leurs faces courbes et leurs faces planes sont deux à deux parallèles, et les lentilles, agissant comme une glace à faces parallèles, ne produisent, sur les objets que l'on voit au travers, aucune apparence de déplacement. Mais pour toute autre position LT de la lentille mobile, le faisceau éprouve une déviation telle que l'œil O voit, dans la direction OA′, un objet A situé vers la gauche. A cause de cette fonction principale, nous appelons la lentille convexe, *lentille déviatrice*. Le système des deux lentilles agit donc comme un prisme variable à faces planes ; et il produit des déviations AIA′ qui, nous allons le démontrer, sont sensiblement proportionnelles aux déplacements MM′ de la lentille convexe.

Déviation théorique.

4. Soit MF la position de l'axe de cette lentille convexe, après le déplacement MM′. Le rayon visuel OI qui est parallèle à cet axe éprouvera, en traversant la lentille en I, une déviation qui le fera passer par le foyer principal F ; de sorte que MF est constant pour tous les déplacements MM′. Donc la déviation FIA′ sera, comme l'angle MFI qui lui est égal, proportionnelle à l'arc MI. Mais dans l'emploi de l'appareil, l'angle en question est toujours assez petit pour que MM′ soit sensiblement égal à l'arc MI, donc la déviation produite sera sensiblement proportionnelle à MM′.

Loi expérimentale des déviations.

5. On arriverait à la même conclusion, en raisonnant sur un rayon visuel, tel que O′I′, qui, ne coïncidant pas avec l'axe de la lentille *lt*, serait seulement parallèle à cet axe. Mais l'obliquité du rayon visuel sur les faces planes des lentilles, l'écartement plus ou moins grand des faces courbes de celles-ci et l'aberration de sphéricité de LT doivent apporter, à notre conclusion, de légères modifications que l'on a constatées expérimentalement et dont on a tenu compte dans la construction des instruments.

Voici, à cet égard, ce que nous avons conclu d'expériences spéciales, dans lesquelles nous pouvions mesurer les déviations à quelques secondes près :

1° Lorsqu'on déplace LT en ligne droite, comme nous

l'avons supposé, il est avantageux que les faces courbes des lentilles se regardent, et que leurs faces planes soient parallèles et aussi rapprochées que possible ;

2° Pour les lentilles que nous adoptons, lentilles dont la distance focale principale est 1m,20, le rayon visuel doit passer à 13 millimètres environ à gauche (sur la figure) de l'axe de la lentille concave ;

3° Dans ces conditions, et pour une course de 0m,06 au plus donnée à LT, les déplacements de cette lentille sont sensiblement proportionnels aux tangentes des déviations (*) ;

4° Pour la même position des lentilles, quand le rayon visuel s'incline de $\frac{1}{20}$ sur la normale à leurs faces planes, la déviation peut éprouver une variation de 0 à 20 secondes, suivant la valeur de cette déviation.

(*) La course extrême correspond à un angle, dont la tangente égale $\frac{0,06}{1,20} = 0,05$. Or, si l'on veut tracer, sur la coulisse, une échelle telle que, un index porté par la lentille LT y marque, pour chaque position de celle-ci, la tangente de la déviation produite, il faudra mettre les traits à des distances de l'origine données par les chiffres suivants :

Tangentes des déviations.	Distances des traits à l'origine.
	mm
0,000	0,00
0,005	5,99
0,010	11,99
0,015	17,99
0,020	24,00
0,025	30,00
0,030	36,01
0,035	42,01
0,040	48,01
0,045	53,99
0,050	59,97

Ces traits s'écartent, de 0mm,00 à 0mm,03 seulement, de ceux

§ II. — DISPOSITION ET EMPLOIS DIVERS DU TÉLOMÈTRE.

6. Les principaux organes du télomètre à prismes sont représentés par les *fig. 4*. Cet appareil comprend deux instruments distincts A et B ; voici leur description sommaire : Description sommaire du télomètre.

Dans l'instrument A sont réunis à une poignée P : 1° un prisme-équerre (n° 2) enveloppé dans le cube *Cb* et muni

---

qui seraient le résultat d'une division en parties égales, de 6 millimètres chacune, le plus grand écart correspondant à la plus grande déviation.

Pour les lentilles de 0m,60 de foyer appliquées à deux instruments (n° 9), on aurait obtenu l'échelle des *tangentes des déviations* à l'aide des nombres suivants :

Tangentes des déviations.	Distances des traits à l'origine.
	mm
0,00	0,00
0,01	5,99
0,02	11,99
0,03	18,00
0,04	24,01
0,05	30,00
0,06	35,98
0,07	41,94
0,08	47,88
0,09	53,76
0,10	59,62

L'écart, par rapport à une division en parties égales, de 6 millimètres chacune, n'est ici que $\frac{1}{100}$ de millimètre tant que la course reste inférieure à 30 millimètres, ce qui correspond à la tangente $\frac{1}{20}$; mais, à partir de là, l'écart va en augmentant, et il atteint 0mm,38 pour la course totale, course qui correspond, il est vrai, à la tangente de $\frac{1}{10}$.

d'un œilleton O : par la double réflexion, on y voit devant soi les objets que l'on a à *sa droite ;* 2° une plaque de voyant V percée d'une fenêtre F' et munie d'une ligne de foi qui correspond au rayon visuel de l'observateur ; 3° une bobine B*b* dans laquelle est enroulé un fil *f*, long d'une quarantaine de mètres. A la bobine est lié un verrou V*r*. On peut à volonté, en engageant ce verrou dans une sorte de navette placée au milieu du fil, réduire de moitié la longueur de la base que ce fil détermine.

L'instrument B est lié à l'extrémité de ce fil. Il comprend, comme le premier, une poignée P, un voyant V et un prisme-équerre, renfermé dans le cube C*b* ; mais dans ce prisme, on voit devant soi les objets que l'on a à *sa gauche*. De plus, entre le prisme et le voyant, et sur la route des rayons lumineux qui viennent des objets que l'on regarde directement, se trouve un prisme variable, composé d'une lentille concave fixe *l* et d'une lentille convexe mobile L (n° 3). Cette dernière est fixée dans un châssis C*s* qui se meut dans une coulisse horizontale C*l*, sur le bord de laquelle sont tracées deux échelles des distances. Des index *i*, *i'*, portés par le châssis, indiquent la distance cherchée sur celle des deux échelles qui correspond à la longueur de fil employée comme base.

Mode d'emploi du télomètre.

7. Voici sommairement comment on procède pour déterminer une distance AC (*).

Deux observateurs A et B (*fig.* 5), dont chacun porte l'instrument du même nom que lui, concourent à l'opération ; B s'éloigne de A, en suivant à peu près AB perpendiculaire à AC, et il s'arrête à la distance réglée par la longueur du fil, en faisant face à A. Celui-ci se déplace latéralement jusqu'à ce qu'il voie C_a, image doublement réfléchie de C dans la direction de B, auquel cas l'angle

(*) L'instruction pratique sur l'emploi du télomètre, qui accompagne chaque instrument, instruction que l'on trouvera à la suite de ce mémoire, fait connaître les précautions auxquelles il est indispensable de s'assujettir si l'on veut opérer convenablement.

CAB est droit. Dès qu'il est bien placé, il fait vibrer le fil pour en avertir l'observateur B. En même temps, celui-ci voit C_b, image doublement réfléchie de C, dans une direction perpendiculaire à BC, de sorte que l'on a $ABC_b = C$. Alors B déplace la lentille déviatrice, jusqu'à ce que le voyant A, qu'il aperçoit au travers d'elle, soit dévié en A' dans la direction BC_b, et il lit la distance sur l'échelle convenable (*).

Si, après chaque opération, B se déplace latéralement de quelques centimètres et déplace en même temps le châssis, il peut faire successivement une ou plusieurs opérations qui, indépendantes les unes des autres, se contrôlent mutuellement. La durée de chacune d'elles n'est que d'une petite fraction de minute.

Principe du tracé des échelles des distances.

8. Voici comment les deux échelles ont pu être tracées. Dans l'observation précédente, la déviation produite ABA' est égale à l'angle C. Or soient : d le déplacement MM' (*fig.* 3) donné à la lentille déviatrice pour produire cette déviation, F la distance focale principale de ladite lentille, D la distance à mesurer AC, B la base connue AB (*fig.* 5). On aura, d'après le n° 5,

$$(a) \qquad \text{tangente de la déviation, ou } \tan C = \frac{d}{F}.$$

(*) Le télomètre est, on le voit, un dérivé de l'appareil du capitaine du génie belge, Grotaers. Ce dernier appareil, qui est décrit dans le *Bulletin de la Société d'encouragement* de 1850, a les défauts suivants : 1° il est embarrassant, puisqu'il comprend une règle de 1 mètre, sur laquelle un voyant se déplace ; 2° l'observation exige que des deux opérateurs, l'un fasse signe à l'autre de déplacer le voyant, ce qui est une cause de lenteur et d'incertitude ; 3° les équerres à miroirs qui entrent dans sa composition exigent fréquemment des rectifications assez délicates. Le télomètre est à l'abri de ces reproches : il est peu volumineux ; dans son emploi les deux opérateurs agissent individuellement, et les prismes, à l'inverse des équerres à miroirs, ne peuvent jamais se déranger.

Mais le triangle ABC donne

$$\tan C = \frac{B}{D};$$

donc

(b) $$\frac{d}{F} = \frac{B}{D} \quad \text{et} \quad d = \frac{B \times F}{D}.$$

F restant constant, on peut, par la formule *(b)*, calculer les valeurs de d qui, pour une valeur donnée de B, correspondent aux diverses distances : 400, 450, 500, 550... mètres. Les longueurs étant portées, sur le bord de la coulisse, à partir du point où s'arrête l'index quand la déviation est nulle, point pour lequel, par conséquent, les axes des lentilles coïncident, on obtient l'échelle sur laquelle on doit lire les distances, quand on emploie la base B.

Nous avons déjà dit que nous avons adopté, pour F $1^m,20$, et pour B les deux valeurs 40 et 20 mètres. Dans ces conditions, les divisions des deux échelles des distances *(fig. 4 bis)* sont calculées par les formules (*).

(c) Pour fil long : $$d = \frac{40^m \times 1^m,20}{D} = \frac{48\,000^{mm}}{D};$$

(d) Pour fil court : $$d = \frac{20^m \times 1^m,20}{D} = \frac{24\,000^{mm}}{D}.$$

(*) La fig. 4 bis, qui représente les échelles en grandeur naturelle, montre que les distances auxquelles correspondent leurs traits croissent, sur l'échelle *fil court* de 50 en 50 mètres, depuis 400 mètres jusqu'à 1 500 mètres, et sur l'échelle *fil long* de 100 en 100 mètres, depuis 800 mètres jusqu'à 3 000 mètres.

On aurait pu, sur les instruments, multiplier les subdivisions pour les faibles distances, et rendre ainsi la lecture de celles-ci plus précise. Mais il a paru préférable, *pour rendre la lecture plus simple et pour prévenir des fautes qui seraient bien autrement graves que des inexactitudes de lecture*, de donner la même valeur en mètres aux intervalles des traits de chaque échelle, au moins pour les parties de celles-ci qui sont destinées aux usages

9. Dans les télomètres la plus grande course donnée à la lentille mobile est de $0^m,06$. Le foyer de cette lentille étant de $1^m,20$, la plus grande déviation possible a pour tangente $\frac{0,06}{1,20} = \frac{1}{20}$. Pour la base de 20 mètres cette déviation répond à une distance de 400^m, qui est la plus courte distance que puisse donner l'instrument. Cette limite inférieure a paru suffisante pour le tir des bouches à feu; car, en deçà, les trajectoires sont assez tendues pour que l'on n'ait guère à se préoccuper de la distance du but. Mais quelques personnes ont pensé que, pour le service du génie (par exemple pour mesurer la largeur d'une rivière dont on fait la reconnaissance) cette limite inférieure devrait être abaissée. Pour satisfaire à ce désir, on a fait exécuter des instruments avec lentilles de $0^m,60$ de foyer, auxquelles on a conservé la course de $0^m,06$. Ces instruments permettent d'obtenir une déviation du $\frac{1}{10}$ (*), et, par suite, toutes les distances plus grandes que 200 mètres.

Distances moindres que 400 mètres.

On aurait pu, dans le même but, mettre sur le fil une seconde navette (nº 6), qui permît d'arrêter son développement à 10 mètres. En opérant avec la base de cette longueur, il eût fallu réduire à moitié les lectures faites sur l'échelle *fil court*. Mais on aurait craint, avec les deux navettes, d'exposer les observateurs à une confusion bien autrement grave que la petite diminution d'exactitude qui résulte de l'emploi de la lentille de 60 centimètres.

Le problème a d'ailleurs été résolu récemment au moyen d'un artifice qui permet de mesurer, avec la lentille de

---

ordinaires. D'ailleurs, sans ces subdivisions on obtiendra toujours, pour les faibles distances, une précision supérieure à celle qui est nécessaire pour les besoins du tir de l'artillerie, ou de la reconnaissance des places assiégées.

(*) Si l'on voulait dépasser cette limite, l'aberration de sphéricité et surtout le défaut d'achromatisme deviendraient intolérables. Dans le cas des faibles distances, les erreurs dues à ces causes sont notables, même pour la limite en question.

$1^m,20$, toutes les distances, quelque courtes qu'elles soient. Pour cela on a marqué, sur la coulisse et au-dessous du châssis (*fig. 4*), quatre traits, près desquels sont inscrits les chiffres 20, 50, 100, 200. Si l'on met, en regard de l'un de ces traits, un index i'' porté par le châssis, la déviation produite par le prisme réfracteur aura pour cotangente le chiffre inscrit près de ce trait.

Supposons que l'index soit en regard du trait 50 ; si, sans changer la position de la lentille déviatrice, les deux observateurs se déplacent jusqu'à ce que chacun d'eux voie l'image doublement réfléchie de C (*fig. 5*) dans la direction du voyant de l'autre, l'angle C, qui est égal à l'angle de déviation, aura pour tangente $\frac{1}{50}$. On aura donc la distance AC en multipliant par 50 la distance qui séparera les deux prismes-équerres, distance qui se mesure au moyen d'un ruban divisé dit *roulette*.

On peut de la même manière, en mettant l'index en regard des traits chiffrés 20, 100, 200, opérer avec des bases qui soient respectivement le $\frac{1}{20}$, le $\frac{1}{100}$, le $\frac{1}{200}$ de la distance cherchée. Mais il est bien évident que l'erreur, dans la détermination de cette distance, croîtra en raison inverse de la longueur de la base (*).

Le même mode d'observation peut être appliqué aux

(*) Nos premières expériences sur la détermination rapide des distances ont été faites avec un télomètre composé de deux instruments semblables. Ils comprenaient chacun un voyant et un prisme biréflecteur donnant, entre l'objet et son image doublement réfléchie, un angle droit diminué de l'angle dont le sinus est $\frac{1}{100}$. En opérant comme nous venons de l'exposer, on faisait sur le terrain un triangle isocèle dont la base était le $\frac{1}{50}$ de la distance cherchée. Nous avons dû préférer, à ce télomètre à *déviation fixe,* le télomètre à *base fixe,* qui n'exige pas de tâtonnements, et qui évite la difficulté que présente, dans le premier et sous l'action du vent, la mesure de la base, surtout quand les distances sont grandes.

très-grandes distances (au delà de 3000 mètres), distances pour lesquelles on ne peut obtenir quelque précision qu'en employant une base plus grande que 40 mètres.

§ III. — QUELQUES DÉTAILS SUR LA CONSTRUCTION DES APPAREILS.

Artifices qui facilitent la construction de l'appareil.

10. Les conditions théoriques qui servent de base au télomètre, telles que nous les avons exposées au n° 8, seraient d'une réalisation très-difficile dans une fabrication courante ; mais on peut éluder les difficultés ainsi qu'il suit.

D'abord, lors même que les distances focales principales F des lentilles différeraient un peu de $1^{m},20$ (*), on peut tracer, sur tous les instruments, des échelles identiques calculées par les formules (*c*) et (*d*). Il n'en résultera aucune erreur, pourvu que l'on adopte des longueurs de bases B_1 et B_2 qui satisfassent respectivement aux relations

$$B_1 \times F = 48^{m}, \quad B_2 \times F = 24^{m}.$$

Il n'est pas nécessaire, non plus, que les prismes-équerres donnent rigoureusement un angle droit, entre un objet et son image doublement réfléchie, attendu que le défaut qu'ils pourraient présenter, sous ce rapport, peut être compensé, comme on va le voir, en donnant aux index i, i' une position convenable sur le châssis *Cs*. Supposons, en effet, que les prismes de A et B donnent des angles obtus, l'observateur A, en opérant sur le terrain, formera l'angle obtus BAC (*fig.* 6) au lieu d'un angle droit. Si BC′ est parallèle à AC, B verrait C′ réfléchi, non pas dans la direction de A, mais bien dans la direc-

(*) Grâce à l'emploi de procédés particuliers de vérification, nous avons pu obtenir, d'un opticien, des lentilles dont la distance focale principale est exactement de $1^{m},20$.

tion BC'_b. Or on peut déplacer la lentille déviatrice de telle sorte que A soit vu directement en A' dans la direction BC'_b. Alors, si l'on trace les index sur le châssis, en regard des traits ∞ des échelles préalablement tracées, les distances seront lues exactement sur ces échelles (*).

En effet, quand on cherchera la distance du point C, on verra, dans le prisme de B, l'image réfléchie de ce point en C_b, dans une direction telle, que $CBC_b = C'BC'_b$, et par conséquent on aura $C'_bBC_b = C$. Quand on déplacera ensuite la lentille pour amener, dans la direction BA'', l'image de A qui était vue en A', le déplacement produira une déviation égale à C, exactement comme si les prismes étaient sans défaut. Par conséquent, le déplacement de l'index, depuis le trait ∞, sera égal à celui qui, sur l'échelle de la coulisse, correspond à la distance cherchée.

Courbure des faces des prismes.

11. Grâce à ces deux artifices, le télomètre à prismes peut être exécuté en fabrication courante. Une seule difficulté subsiste : elle consiste à faire bien planes les faces des prismes, tout en leur donnant des angles qui soient exacts à une ou deux minutes près. Un ouvrier a dû être dressé à ce genre de travail, et s'il n'atteint pas encore à la perfection, du moins il a déjà une habileté suffisante. Mais, dans ses premiers essais, il a fait quelques prismes ayant des faces un peu convexes, et dans lesquels les objets sont vus, par double réflexion, comme à travers une lentille convergente d'une douzaine de mètres du foyer (**). On a pourtant employé ces prismes dans quelques instruments A ; mais on a dû compenser leur défaut

(*) En réalité, ce n'est pas ainsi que le constructeur opère pour trouver la place des index ; mais les développements pratiques relatifs à cette opération, tout aussi bien que ceux qui se rapportent à la détermination des distances focales des lentilles déviatrices et aux détails de construction, ne sauraient trouver place ici.

(**) Cela correspond à une soixantaine de mètres pour le rayon de courbure de chaque face. Or chacune de celles-ci a 12 millien plaçant, dans la fenêtre du voyant, une lentille convergente de même foyer, lentille qui se trouve alors interposée entre l'œil et les objets que l'on voit directement.

En traversant ces prismes, les rayons lumineux, venus des points éloignés, acquièrent une *convergence* extrêmement faible, puisqu'ils semblent converger en des points situés à une douzaine de mètres derrière l'opérateur. Pourtant l'expérience nous a prouvé que, pour certains observateurs dont la vue est d'ailleurs excellente, cette convergence nuit tellement à la netteté et à la précision des visées, que l'on a dû compenser la convergence des rayons visuels, tant directs que doublement réfléchis, en plaçant, dans le tube du viseur, une lentille divergente d'un foyer convenable. La complication de ces compensations doit engager à ne plus tolérer la convexité des faces des prismes.

Il y a plus, pour que l'œil apprécie, avec autant d'exactitude que possible, la coïncidence du voyant qu'il vise directement et de l'image doublement réfléchie du but, il convient que le prisme fonctionne comme une *lentille divergente,* d'un foyer tel que les distances de l'observateur, au voyant et à l'image virtuelle du but, soient peu différentes. On satisfait passablement à cette condition, pour les deux longueurs de la base et pour les grandes

---

mètres de largeur, sa flèche est donc de $\frac{1}{3000}$ de millimètre ; et ce défaut si faible est pourtant intolérable !

Il est une autre courbure contre laquelle on ne saurait trop être mis en garde. Lorsque l'ouvrier polit une surface rectangulaire, les bords de celle-ci, sur 1 ou 2 millimètres de largeur, affectent toujours la forme d'un cylindre à génératrices parallèles aux contours de la surface. Si, près de la base supérieure du prisme biréflecteur, les quatres surfaces polies présentent ce défaut, les images doublement réfléchies paraissent, dans le voisinage de cette base, distordues et nuageuses, et même ces images deviennent tout à fait invisibles quand elles se rapportent à de petits objets.

distances au but, en donnant à l'une des faces de l'angle droit du prisme une courbure concave de 16 mètres de rayon, les autres faces restant parfaitement planes. Alors les rayons lumineux parallèles, qui se réfléchissent doublement dans le prisme, émergent avec la *divergence* qui correspond à une distance focale principale de 30 mètres environ.

§ III. — ERREURS MAXIMUM DES OBSERVATIONS (*).

Erreurs à craindre sur les angles.

12. Des diverses causes d'erreur qui peuvent affecter le résultat d'une opération, la plus influente est celle qui tient aux incertitudes de la visée, c'est-à-dire à cette circonstance, que l'œil est inhabile à apprécier un certain écart existant entre les directions qui aboutissent à la ligne de foi du voyant et à l'image doublement réfléchie du but. Ces incertitudes produisent, sur les valeurs des angles A et B, des inexactitudes qui, dans chaque observation, sont plus ou moins grandes, et positives ou négatives. C'est la somme algébrique de ces inexactitudes qui affecte la valeur de l'angle C et, par suite, la distance que l'on déduit de celle-ci.

Or, le déplacement du châssis, à partir de la coïncidence des axes des lentilles, étant proportionnel à l'angle C (nº 4), l'erreur sur cet angle sera proportionnelle à l'écart δ qui existera, à chaque observation, entre la position occupée par l'index du châssis et celle qu'il devrait occuper. L'erreur angulaire sur C, erreur que nous appellerons dC, peut donc être représentée par cet écart δ.

Maximum d'erreur.

13. Les valeurs de l'erreur dC et de l'écart δ peuvent avoir des grandeurs et des signes variables ; mais l'expérience a prouvé que, du moins pour les grandes distances, ces valeurs sont à peu près indépendantes de la longueur de la base et de la distance à mesurer, et qu'elles suivent

(*) *Voyez* dans les Notes I et II une étude plus complète de cette question.

la loi géométrique de possibilité des erreurs. Cette loi fait connaître, pour un très-grand nombre d'épreuves, la fréquence des erreurs de diverses grandeurs. Elle montre que les erreurs sont d'autant plus rares qu'elles sont plus grandes. Elle indique une certaine grandeur qui n'est dépassée qu'une fois sur cent épreuves. C'est cette grandeur que nous appellerons le *maximum d'erreur à craindre ;* cette erreur maximum est près de quatre fois plus grande que l'*erreur probable :* et l'on sait que l'on appelle ainsi l'erreur qui est telle que les erreurs plus grandes sont en même nombre que les erreurs plus petites.

Index d'erreurs.

14. L'expérience nous a prouvé que, pour des observateurs ordinaires ayant une bonne vue, le maximum d'écart de l'index est d'environ 1 millimètre, quelles que soient la base employée et la longueur mesurée, pourvu que celle-ci ne soit pas trop faible. En partant de cette donnée, on a tracé, à droite et à gauche de chaque index *i* et *i'* (*fig. 4 bis*), et à la distance d'un millimètre environ, deux petits traits, qui indiquent, sur l'échelle, les limites entre lesquelles peut errer la position de l'index à chaque observation. De sorte que quand, pour l'une de celles-ci, l'index principal *i* marque une certaine distance, 800 mètres par exemple, les traits qui l'accompagnent indiquent deux autres nombres 775 et 830 mètres ; et la vraie distance est certainement, *quatre-vingt-dix-neuf fois sur cent,* comprise entre ceux-ci. Les différences entre ces nombres et la distance lue sur l'index principal, soit -25^m et $+30^m$, sont donc les maximums d'erreur, en plus ou en moins, dont l'opération unique peut être affectée.

Lois des erreurs.

15. Il est facile de voir que cette erreur maximum varie en raison inverse de la longueur de la base et à peu près proportionnellement au carré de la distance. En effet, écrivons : la distance $= D$, son erreur $= dD$, la base $= B$, l'angle opposé $= C$, son erreur $= dC$. On a

$$D = B \cot C ;$$

d'où, en différentiant,

$$dD = -\frac{BdC}{\sin^2 C}.$$

Mais C étant très-petit, on peut remplacer sin C par tang C et écrire

$$dD = -\frac{BdC}{Tg^2 C} = -\frac{dC \times D^2}{B},$$

ce qui prouve la proposition énoncée, puisque dC est constant.

L'écart de l'index que nous venons de considérer correspond, avec la base longue, à un maximum d'erreur, qui est inférieur à 25 mètres pour D = 1000^m, et à 100 mètres pour D = 2000^m. Avec la base courte, ces maximums d'erreur sont doublés.

Réduction des erreurs.

16. On peut réduire ces maximums d'erreur au moyen de deux artifices :

1° En remplaçant les viseurs à œilletons par des lunettes de Galilée, grossissant deux fois et demie à trois fois au plus, et dont les œilletons soient en forme de fente horizontale (*) : cela réduit les erreurs, de moitié environ, à cause

---

(*) Il n'est pas indifférent de donner, aux œilletons des viseurs ou des lunettes, des dimensions verticales plus ou moins grandes, ni de placer ces œilletons plus ou moins près des prismes. En effet, quand l'image doublement réfléchie du but, et le voyant auquel on doit la superposer sont éclairés d'une manière différente, on ne peut apprécier leur superposition qu'en rendant leurs éclats apparents presque égaux. Pour cela, on incline l'instrument, de telle sorte que le plan qui passe par les deux points à superposer et la base supérieure du prisme coupe l'œilleton en deux segments inégaux. Et comme les rayons lumineux qui traversent le segment supérieur et le segment inférieur forment respectivement dans l'œil les images du voyant et du but, les éclats de ces images varient proportionnellement aux surfaces de ses segments, et, par une obliquité convenable, on peut rendre ces éclats égaux. Mais alors le plan de visée est oblique sur la base du prisme, et l'angle du but et de son

de la diminution de l'erreur de visée ; nous verrons plus loin les objections que l'on peut faire à l'emploi de ces lunettes ;

2° En prenant la moyenne d'un certain nombre d'épreuves successives, ce qui compense en partie les erreurs de chacune d'elles. Pour la moyenne de 10 épreuves, l'erreur à craindre est moindre que les $\frac{2}{3}$ de celle d'une observation simple. Pour la moyenne de deux décades réciproques, c'est-à-dire de deux groupes de dix observations entre lesquelles on a inversé les positions des observateurs A et B, l'erreur à craindre n'est plus que les $\frac{2}{5}$ de celle d'une observation unique. La réciprocité de ces dernières observations compense, en effet, une cause d'erreur qui tient à ce défaut de la vue et que l'on appelle *la collimation personnelle* (*).

§ V. — Conséquences pratiques des expériences.

17. Nous résumons ici les conséquences pratiques des nombreuses expériences qui ont été faites, avec le

---

image doublement réfléchie diffère de celui qui a lieu pour une visée normale. L'erreur tenant à cette obliquité peut être assez notable pour que nous ayons dû, en vue de l'atténuer, augmenter la longueur des viseurs adoptés dans nos premiers instruments, tout en conservant un millimètre pour la dimension verticale des œilletons. Cette augmentation procure un second avantage : celui de diminuer la hauteur d'une sorte de nuage dans lequel se voient les deux images au moment de leur superposition.

(*) Nous donnons ici les limites des erreurs telles qu'elles résultent de la discussion à laquelle nous soumettons, dans la Note II, un certain nombre d'observations. Des expériences très-nombreuses ont été faites depuis lors, soit par nous, soit par des Commissions d'officiers de l'Artillerie et du Génie. Elles ont prouvé que, pour beaucoup d'observateurs, les erreurs restent au-dessous des limites fixées, et, en particulier, que la collimation personnelle atteint bien rarement les proportions que nous lui avons assignées au n° 46 de cette Note II.

télomètre, soit par nous, soit par d'autres observateurs.

Facilité dans l'emploi du télomètre.

Sous le rapport de la facilité dans l'emploi de l'appareil, on a constaté ce qui suit :

1° On peut se servir du télomètre sans en connaître la théorie, de même qu'on se sert d'un fusil ou d'un canon sans avoir étudié préalablement la fabrication de ces armes, ni la théorie des effets de la poudre. Les seules conditions à remplir par les observateurs *(mais elles sont indispensables)* consistent dans une *bonne vue*, l'habitude de pointer ou de *viser fin* et un peu d'adresse manuelle; on comprendra l'importance de ces conditions si l'on veut bien remarquer que la mesure de la distance cherchée AC *(fig. 7)* repose en principe sur la résolution d'un triangle BAC, dont l'angle C est très-aigu, auquel cas les angles A et B ne sauraient être mesurés avec trop de précision;

2° Les personnes, officiers ou sous-officiers, auxquelles on a enseigné l'emploi de l'instrument ont pu, au bout d'une demi-heure d'apprentissage, s'en servir, sinon avec rapidité, du moins avec une exactitude passable (*);

3° En deux ou trois séances, ces personnes sont parvenues à obtenir la mesure des distances avec toute l'exactitude que comportait leur vue, et les exercices ultérieurs n'ont guère eu pour effet que de les habituer à se servir de l'instrument sans être génées par le défaut de fixité de celui-ci.

(*) Il faudra certainement beaucoup plus de temps pour les observateurs qui ne seront guidés que par l'instruction pratique jointe à chaque appareil, instruction que l'on trouvera à la fin de ce mémoire. Il sera bien indispensable de relire celle-ci attentivement après avoir fait quelques opérations; car probablement, ce n'est qu'alors qu'on pourra bien saisir certaines prescriptions qui peuvent paraître minutieuses, mais qui sont pourtant indispensables pour le succès des opérations.

18. On a constaté, en outre, qu'au bout de deux ou trois séances, les observateurs sont suffisamment exercés pour mesurer une distance en 2 ou 3 minutes, y compris le temps nécessaire pour ouvrir la boîte qui renferme l'instrument et se mettre en station; que les deux ou trois minutes suivantes suffisent pour qu'on complète une série de dix mesures indépendantes et qu'on en fasse la moyenne, auquel cas on obtient une précision plus grande d'un tiers que celle d'une observation simple (nº 16).

Durée des opérations.

19. Les expériences ont été faites avec des buts très-divers : clochers, cheminées d'usines, peuplier isolé, maisons visées au centre de leur façade ou à l'une des arêtes terminales, croix, groupes d'arbres, peloton à cheval, etc. Les distances de ces objets à la station avaient été obtenues soit par des mesures directes, soit par triangulation, soit par des mesures prises sur un plan au $\frac{1}{2000}$ dont l'exactitude est connue. Voici les remarques auxquelles ces buts ont donné lieu :

Buts plus ou moins avantageux.

1º Les objets pour lesquels la visée est la plus facile et la plus sûre sont ceux qui, tout en étant symétriques par rapport à un axe vertical, ont une hauteur apparente au moins égale à la moitié du voyant sur lequel leurs images se projettent;

2º Pour les objets à formes irrégulières, tels que des groupes d'arbres, la certitude est encore assez grande, pourvu que, dans leur silhouette, il y ait une saillie ou une échancrure remarquable qui puisse servir de point de mire, ou bien encore pourvu que l'image de ce groupe ne dépasse pas beaucoup en largeur la plaque du voyaut, auquel cas on vise au milieu du groupe;

3º Pour un objet à formes bien définies, telles qu'un clocher, l'exactitude du résultat paraît être peu influencée par le plus ou moins de visibilité de cet objet ; c'est-à-dire que l'exactitude paraît rester la même soit lorsque le clocher se détache nettement sur le fond sur lequel il se projette, soit lorsqu'il est vu dans la brume. Cependant lorsque l'objet est très-peu visible, l'erreur augmente, mais du quart ou du tiers seulement, tant que l'observation est possible.

Buts mobiles.

20. L'emploi du télomètre pour déterminer la distance à un but mobile exige une certaine habitude de l'appareil. On réussit d'autant mieux que l'image du but semble se déplacer plus lentement par rapport au voyant sur lequel on la projette. Par conséquent, toutes choses égales d'ailleurs, l'observation est plus facile avec le fil court, qu'avec le fil long, et pour un but éloigné que pour un but rapproché.

Le télomètre est applicable de la même manière sur un navire, en repos ou en mouvement, pour mesurer la distance à un point du littoral, à une batterie, par exemple, devant laquelle on défile ou l'on s'embosse. Dans ce dernier cas, au lieu de tendre le fil qui sert de base, on pourrait se contenter de fixer la position relative des deux observateurs au moyen de lignes parallèles qu'on tracerait, à la distance voulue, sur le pont du navire. Les occasions nous ont d'ailleurs manqué pour expérimenter en mer.

Fautes à éviter dans les expériences.

21. Nous avons dit ci-dessus (nos 15 et 16) et l'on peut voir avec plus de détail dans la note I ce que l'expérience a appris sur les maximum d'erreurs à craindre dans une observation simple et sur diverses manières de les réduire. Les limites que nous avons signalées ont été dépassées parfois dans des expériences auxquelles nous avons pris part, sans que les erreurs pussent être attribuées à un défaut dans la vue des opérateurs. Nous avons reconnu alors qu'elles provenaient de négligences dans les soins nécessaires pour que les observations soient bonnes, et nous croyons devoir appeler l'attention de nos lecteurs sur ce sujet essentiel.

Les fautes que l'on commet le plus communément sont les suivantes :

1° Le fil n'est pas suffisamment tendu ;

2° L'un des observateurs a une distraction qui l'empêche d'apporter une attention suffisante à la coïncidence de l'image du but et de la ligne noire du voyant ;

3° Les opérateurs ne prennent pas l'attitude voulue, laquelle consiste à tenir *les jambes écartées et les bras près du corps,* dans le but d'assurer la fixité des voyants dans le sens latéral. (Voir les figures du frontispice) ;

4° Ils ne s'entendent pas bien sur le but à viser, par exemple l'un vise l'arête droite et l'autre l'arête gauche d'une maison ;

5° Lorsque l'objet est vertical et d'une grande dimension en hauteur, comme une cheminée d'usine, l'un des observateurs vise un point quelconque de la hauteur de cet objet au lieu de viser celle des deux extrémités dont on est convenu d'avance ; c'est-à-dire qu'il amène un *point quelconque* de l'axe de la cheminée en correspondance avec la ligne noire du voyant de l'autre, en agissant alors comme si on employait des instruments qui réduisent les angles à l'horizon, auquel cas on n'a pas formé, dans l'espace, le triangle rectangle ABC, dont les sommets doivent être les deux instruments et le but. Les erreurs provenant de l'inattention dont il s'agit peuvent être considérables.

§ VI. — AVANTAGES DU TÉLOMÈTRE A PRISMES ET SES PERFECTIONNEMENTS ULTÉRIEURS.

Qualités du télomètre à prismes.

22. Le télomètre à prismes a été imaginé principalement pour le service de l'artillerie de campagne. Les conditions que l'on s'est imposées pour cet usage, et que l'on a réalisées, sont les suivantes :

1° L'instrument est d'un faible volume ;

2° Quelque minutieuse que paraisse être la construction de quelques-unes de ses parties, il ne laisse rien à désirer quant à la solidité, ni quant à la simplicité des opérations à exécuter pour mesurer une distance ;

3° Il n'est assujetti à aucun de ces préparatifs délicats que l'on nomme réglage ou rectification ; dès que la bonne construction a été constatée, on n'a plus à craindre qu'il puisse jamais se déranger ;

4° Il n'exige d'autres soins d'entretien que le nettoyage de quelques surfaces de verres qui sont toutes apparentes ;

5° L'emploi en est assez simple et assez facile pour que des opérateurs sans instruction spéciale puissent s'en servir utilement après des essais peu nombreux ;

6° Il fait connaître immédiatement, par une simple lecture, les distances à mesurer, et il présente par suite cet avantage de ne pas exiger l'emploi de calculs ou de tables qui sont des sources de fautes, surtout dans l'émotion du combat ;

7° On obtient en quelques secondes, par la réitération de la mesure, un contrôle efficace de chaque opération ;

8° L'instrument est débarrassé de supports, jalons ou autres accessoires, qui, lors même qu'ils seraient d'un transport facile, n'en auraient pas moins l'inconvénient d'être exposés à être oubliés sur le terrain d'une première opération et à faire défaut pour les opérations ultérieures ;

9° Il peut être employé utilement sur tous les terrains propres à l'établissement d'une batterie ;

10° Il permet de mesurer une distance avec une grande rapidité et une approximation suffisante (*).

Avantages des deux observateurs.

23. Le télomètre exige, il est vrai, pour la mesure d'une distance, le concours simultané de deux opérateurs, et l'on pourrait être tenté de faire de cette condition l'objet

---

(*) Lorsque, dans une bataille, l'ordre est donné à une batterie d'artillerie d'aller occuper une position, qu'un officier et un sous-officier ayant en main, l'un l'instrument A, l'autre l'instrument B, partent aussitôt au galop, ils auront le temps de déterminer la distance au but à battre avant que les pièces ne soient mises en batterie, et les effets du tir seront immédiats ; circonstance dont l'avantage consiste, moins dans une économie de munitions, que dans l'effet moral produit sur la troupe ennemie. *(Voir, dans la note supplémentaire, une autre manière d'opérer.)*

d'un reproche. Mais nous allons démontrer qu'elle est absolument nécessaire, et que les instruments que l'on a construits pour être manœuvrés par un seul observateur ne sauraient présenter le même avantage que le télomètre sous le rapport de la rapidité et de la sécurité des déterminations.

1° Pour mesurer une grande distance, *avec des instruments portatifs,* il faut faire usage d'une longue base et mesurer un angle à chacune des extrémités de celles-ci. Avec le télomètre, les mesures angulaires sont prises simultanément par les deux observateurs. Avec un instrument à un seul opérateur, elles ne peuvent être prises, au contraire, que successivement ; alors évidemment l'opération dure plus longtemps.

2° Lorsque dans l'emploi du télomètre, les observateurs étant à la distance voulue, l'un d'eux s'aperçoit qu'un obstacle lui masque le but, un déplacement simultané suffit pour que l'observation soit possible, et ce déplacement n'occasionne ni hésitation, ni perte de temps sensible. Il n'en est pas de même dans le cas d'un seul observateur, qui, obligé d'opérer successivement aux deux extrémités de la base, est exposé parfois à tâtonner longtemps avant de trouver, pour celle-ci, une position qui permette de faire la double observation nécessaire.

3° Le télomètre n'est pas, comme les instruments à un seul opérateur, embarrassé d'accessoires, tels que jalons, décamètre, etc., dont nous avons signalé ci-dessus les inconvénients (n° 22,8°).

4° Avec le télomètre la répétition d'une observation n'exige que quelques secondes de temps. Un observateur seul ne peut, au contraire, vérifier une première opération qu'en se portant, comme toujours, successivement aux deux extrémités de la base, ce qui double presque le temps exigé pour une observation simple.

Le concours simultané de deux observateurs est donc avantageux sous le triple rapport de la rapidité, de la simplicité et de la sécurité des opérations. C'est par ce motif que nous l'avons admis en principe, et nous y avons vu d'autant moins d'inconvénients, pour un instrument militaire, qu'à la guerre on disposera toujours du nombre d'hommes nécessaire, et qu'on peut confier l'instrument A à une personne illettrée, laquelle, après un apprentissage d'une heure au plus, s'acquittera convenablement de sa tâche. L'autre observateur, celui qui tient en main l'instrument B, est d'ailleurs à même de contrôler la manière de viser de son aide, en suivant les indications qui sont consignées à ce sujet dans l'instruction pratique annexée à chacun des instruments, instruction reproduite à la fin de ce mémoire (*).

Inconvénients du fil.

24. Le fil est la partie la plus délicate de l'appareil, non qu'il manque de la ténacité nécessaire pour résister aux tensions qu'on lui fait subir pendant la manœuvre (**), mais parce qu'il exige certaines précautions sans les-

(*) Après une première observation de la distance à un but C, l'opérateur B incline son corps, soit à droite, soit à gauche, sans autre mouvement, de manière à déplacer de quelques centimètres le voyant de son instrument. Il résulte de ce déplacement que l'image doublement réfléchie du but C ne lui paraît plus correspondre à la ligne de foi du voyant de l'aide A. Celui-ci est obligé de se déplacer lui-même pour obtenir que l'image doublement réfléchie du but lui semble correspondre à la ligne de foi du voyant de B. Or, lorsque l'aide accuse qu'il est bien placé, si l'observateur B constate que la ligne de foi de A n'est pas ramenée en correspondance avec l'image doublement réfléchie du but, il sera certain que l'aide aura mal visé, soit dans la dernière opération, soit dans l'opération antérieure.

(**) Nous avons employé successivement diverses matières pour nos fils métalliques. Les fils d'acier s'oxydent promptement. Ceux en bronze d'aluminium résistent mieux à l'oxydation, sans être moins résistants ; mais ils sont roides, même lorsqu'on les a recuits, et ils se bouclent trop facilement. Les fils en maillechort recuit ont une grande souplesse, et présentent une résistance suffisante quand leur diamètre est de 0mm,55. Ce sont ceux que nous avons adoptés définitivement.

quelles les opérateurs sont exposés à le casser. Cet accident se produit toutes les fois que le fil se boucle et qu'on l'enroule en laissant sa boucle se fermer. Nous avons d'ailleurs indiqué, dans l'instruction pratique qui est jointe à chacun des instruments, les moyens de prévenir cet accident et d'y remédier.

Nous ne considérons pas comme parfaite la disposition que nous avons adoptée pour fixer la longueur de la base ; mais cette disposition est la moins mauvaise de toutes celles que nous ayons pu imaginer. Nous avons dû, en effet, rejeter en principe : 1° le mesurage au pas, comme étant trop incertain dans le cas de terrains irréguliers ou couverts de cultures, terrains qui sont ceux sur lesquels on aura habituellement à établir la base ; 2° tout moyen de mesurer la base qui serait indépendant de l'appareil, attendu qu'on est exposé à égarer ou à oublier les parties accessoires d'un instrument, et que leur emploi tend d'ailleurs à ralentir les opérations ; 3° l'usage d'une chaîne, d'un ruban de fil ou de métal attenant à l'appareil, par cette raison que leur poids, pour une longueur de 40 mètres, fatiguerait les opérateurs, et que, d'un autre côté, ils ne permettraient pas d'opérer par le vent, en raison de l'agitation que celui-ci leur communiquerait.

C'est en vue d'éluder cette dernière difficulté et de satisfaire à la condition d'opérer avec autant de rapidité qu'il est possible, que nous avons adopté le télomètre à base fixe de préférence au télomètre à déviation fixe qui a été l'objet de nos premiers essais (note de la page 18). Ce dernier appareil est d'une construction plus simple que celle du télomètre à prismes ; mais il est moins avantageux sous le rapport de la rapidité des opérations, en raison des tâtonnements qu'il exige dans la mesure d'une distance.

Avantages et inconvénients des lunettes.

25. Nous avons dit (n° 16) que l'on peut augmenter la précision des observations par l'emploi de lunettes. L'usage de lunettes, pourvu qu'elles ne renversent pas les objets et qu'elles n'aient qu'un faible grossissement, peut être

avantageux pour des opérateurs ayant une vue médiocre. Mais, pour l'usage général, les lunettes nous semblent avoir des inconvénients que nous regardons comme graves et capables de nuire à l'adoption du nouvel instrument : 1° elles ont pour effets, comme l'on sait, de restreindre le champ de vue et de donner lieu, lorsqu'on observe en les tenant à la main, à un déplacement incessant et rapide des images. Ces effets, qui sont d'autant plus sensibles que le grossissement des lunettes est plus grand, sont, pour des opérateurs peu exercés, très-nuisibles à la facilité des observations ; 2° l'opérateur doit s'astreindre aux soins qu'exigent la mise au point et le nettoyage des verres, sous peine d'être exposé à ne pas obtenir la précision sur laquelle on croirait pouvoir compter en raison du grossissement des images.

Nous pensons, toutefois, que les inconvénients dont il s'agit seraient sans aucune gravité dans le cas où les instruments munis de lunettes devraient être manœuvrés par des personnes qui, comme les officiers de marine, auraient l'habitude d'employer le sextant. Mais, même dans le cas en question, l'adoption des lunettes ne saurait faire exclure, suivant nous, les viseurs à œilletons, qui seront préférés, certainement, par la plupart d'entre eux. On remarquera d'ailleurs que les viseurs à œilletons permettront toujours de mesurer la distance au but, toutes les fois que la visibilité de celui-ci sera telle qu'on puisse pointer sur lui avec la hausse latérale des canons (*).

Instantanéité des opérations impossible pour les grandes distances.

26. Nous ne prétendons pas conclure de cette discussion que le télomètre ne puisse pas recevoir des perfectionnements; non pas, car nous savons trop, par expérience, que ce n'est qu'après plusieurs fabrications, à la suite de nombreux essais, et sur les avis des personnes qui s'en sont servi, que des instruments de ce genre peuvent être amenés à un état voisin de la perfection. Nous

(*) Les instruments de construction récente sont munis de lunettes et d'œilletons que l'on substitue facilement les uns aux autres.

ne prétendons pas non plus qu'on ne puisse résoudre le problème autrement. Si l'on voulait, par exemple, sacrifier la facilité et la rapidité de l'opération à l'exactitude, on pourrait construire un instrument muni de supports qui serait d'un usage excellent et sûr dans la pratique des siéges. Mais ce que nous croyons pouvoir affirmer, c'est que si, pour les grandes distances de 1 500 à 2 000 mètres et au delà, l'on veut, avec des *instruments portatifs* d'un emploi rapide et commode, et par conséquent *non munis de lunettes,* obtenir la précision que donne actuellement le télomètre, il faut absolument employer une longue base. En effet, la mesure d'une distance aura toujours pour principe le tracé, sur le terrain, d'un triangle dont on déterminera la base et deux angles; et comme, par des visées à l'œil nu, ceux-ci ne pourront jamais être mesurés qu'à une minute près, même dans le cas où l'on emploiera pour cette opération les instruments portatifs les plus parfaits que l'on connaisse, on aura toujours à craindre, abstraction faite des autres causes d'inexactitude, une erreur de près de deux minutes sur la valeur de l'angle C. Dans le cas où l'on voudrait obtenir la distance à $\frac{1}{50}$ près, il faudrait que cette erreur de deux minutes fût au plus le $\frac{1}{50}$ de cet angle, c'est-à-dire que l'angle C fût au moins de cent minutes, ou $\frac{1}{34}$. L'emploi de lunettes à grossissement modéré, les seules qu'on puisse appliquer, à des instruments portatifs, sans craindre que ceux-ci ne laissent à désirer sous le rapport de la commodité des observations, réduirait au plus l'erreur sur l'angle C au tiers de deux minutes, auquel cas le rapport de la base à la distance cherchée devrait être au moins de $\frac{1}{100}$. On voit donc qu'on se ferait complétement illusion en supposant qu'on puisse construire un *instrument portatif* au moyen duquel l'opérateur mesurerait instantanément une grande distance sans se déplacer. Pour la solution du problème qui consisterait à mesurer une grande distance en s'appuyant sur une base très-courte, il faut nécessairement compenser, par l'emploi de lunettes à fort grossissement, le défaut de longueur de la base ; mais, dans ces conditions, il ne peut être question que d'un instrument à support fixe.

NOTE I.

THÉORIE DES ERREURS A CRAINDRE ET DE LEUR INFLUENCE SUR L'EXACTITUDE DES MESURES.

Les diverses causes d'erreurs.

27. Pour pouvoir discuter, au point de vue de l'exactitude, des expériences faites avec le télomètre, il faut connaître les diverses causes des erreurs auxquelles les observations sont exposées, et savoir comment elles modifient les distances.

Les principales causes d'erreur sont les suivantes :

1° Inexactitude dans la longueur de la base ;

2° Erreurs de visée commises par les observateurs ;

3° Erreurs commises par le constructeur dans le tracé des index ;

4° Influence du défaut d'achromatisme de la lentille déviatrice ;

5° Incertitude dans la lecture, incertitude tenant à l'appréciation des fractions de division.

Les erreurs 1°, 4° et 5° ont généralement peu d'importance (*), en comparaison des erreurs 2° et 3°, que nous allons examiner de près.

Erreur de visée.

28. L'erreur de visée tient à l'imperfection de l'œil ; elle consiste en ce que, quand l'image du but semble, à chaque observateur, superposée au centre du voyant de

---

(*) Une erreur *en moins* sur la longueur de la base, cause sur la distance, une erreur *en plus* proportionnelle à cette distance.

Pour les distances moindres que 2000 à 2500 mètres, on peut admettre que l'erreur provenant de l'estime des fractions de division

l'autre, cette image est, en réalité, à droite ou à gauche de la ligne de foi, trop haute ou trop basse. Cette erreur de visée est une *erreur angulaire,* dont la valeur, pour des buts d'égale visibilité, est indépendante de l'éloignement de ceux-ci.

Soient $\pm \alpha$ et $\pm \beta$ les erreurs de ce genre, commises en A et B. Les angles correspondants du triangle ABC sont modifiés de ces deux quantités, et, par suite, l'angle C est erroné de $\mp \alpha \mp \beta$.

Or nous avons vu (nos 4 et 5) que la tangente de l'angle C, ou la valeur de cet angle C, est représentée, sur la coulisse, par la distance qui sépare l'un des index, du trait ∞ de l'échelle correspondante. Par suite l'erreur angulaire $\mp \alpha \mp \beta$ sera représentée sur l'échelle par un certain écart entre la position qu'occupe l'index et celle qu'il devrait occuper. Pour les mêmes valeurs de $\mp \alpha \mp \beta$, cet écart sera constant, quel que soit le point de l'échelle sur lequel s'arrête l'index, et, par conséquent, quelle que soit la distance.

29. Les erreurs de visée tiennent compte, implicitement, du défaut d'exécution des prismes : et, toutes choses égales d'ailleurs, elles seront d'autant plus considérables que les surfaces de ceux-ci s'écarteront plus de la planéité. Si, à l'écart de l'index qui représente ces erreurs, nous ajoutons celui qui a été commis par le constructeur en traçant cet index (no 10), l'écart total, que nous désignerons par $\mp \delta$, représentera *directement* la somme algébrique ε des trois erreurs que nous considérons. $\pm \delta$ sera donc une *mesure directe des principaux défauts de précision de l'opération,* quelle que soit la distance à laquelle elle se rapporte, et cela au même titre que, pour un triangle, **Mesure de l'erreur totale.**

---

sera passablement représentée par $k + lD$, expression dans laquelle k et l sont des constantes, et D représente la distance.

Quant au défaut d'achromatisme il se fait surtout sentir sur les faibles distances. Il est probable que son effet serait assez bien représenté par un terme en raison inverse de la distance.

la différence entre 180 degrés et la somme des valeurs observées de ses trois angles sert de module de précision pour ces mesures angulaires. Cherchons la valeur de cet écart de l'index en fonction de l'erreur constatée sur une distance connue.

Calcul de l'écart de l'index.

30. Soient D la distance vraie à laquelle correspond un déplacement d de la lentille déviatrice, et $D + e$ la distance qui correspond au déplacement effectué $d + \delta$; e est alors l'erreur commise sur la distance. En vertu de l'équation (b) du n° 8, on aura

$$d = \frac{B \times F}{D} \quad \text{et} \quad d + \delta = \frac{B \times F}{D + e},$$

d'où, en éliminant

$$\delta = \frac{B \times F}{D + e} - \frac{B \times F}{D},$$

ou

$$(e) \qquad \delta = \frac{-B \times F \times e}{(D + e) D}.$$

Si l'on fait comme ci-dessus (n° 10),

Pour fil court : $B \times F = 24000^{mm}$,
Pour fil long : $B \times F = 48000^{mm}$,

on aura respectivement

$$(f) \qquad \delta = \frac{-24000\,e}{D(D + e)} \quad \text{et} \quad \delta = \frac{-48000\,e}{D(D + e)}.$$

Dans ces formules, δ est exprimé en millimètres; on en calcule facilement les valeurs avec la règle logarithmique.

Il ne faut pas oublier que l'écart de l'index ainsi calculé se rapporte à une lentille déviatrice de $1^{m},20$ de foyer. Pour les lentilles de $0^{m},60$, adaptées aux instruments qui donnent les distances à partir de 200 mètres (n° 9), le δ calculé par les formules (f) serait le double de l'écart réel mesuré sur l'échelle des distances. Mais, pour faciliter la comparaison avec les autres instruments, il vaudrait mieux faire ressortir ce double de l'écart que l'écart simple.

Erreur sur l'angle C.

31. Nous avons vu que δ représente, dans un cercle d'un rayon 1200 (distance focale en millimètres de la lentille déviatrice), la tangente de l'erreur angulaire ε, commise sur l'angle C du triangle ABC *(fig. 7)*, erreur qui provient surtout des erreurs de visée. Si l'on cherchait cette erreur angulaire elle-même, on aurait

$$\text{tang}\,\varepsilon = \frac{\delta}{1200};$$

d'où, en secondes de degré,

$$(\varepsilon)'' = \frac{\delta \times 1''}{1200 \sin 1''} = \delta \times 171'',89,$$

ou, en substituant à δ ses valeurs données par les équateurs (f),

$$(g) \quad \begin{cases} \text{Pour fil court} : (\varepsilon)'' = \dfrac{-4125300 \times e \times 1''}{(D+e)D}, \\[2ex] \text{Pour fil long} : (\varepsilon)'' = \dfrac{-8250600 \times e \times 1''}{(D+e)D}. \end{cases}$$

Abaque donnant δ à vue.

32. Dans nos applications, e est toujours petit en comparaison de D. On peut alors, dans les formules (e), (f), et (g) remplacer, au dénominateur, $(D + e)\,D$ par $\left(D + \frac{1}{2}e\right)^2$, ce qui revient à augmenter ce dénominateur de $\frac{e^2}{4}$. L'abaque logarithmique, *fig. 8*, répond aux formules ainsi modifiées, et il permet de trouver δ et ε sans aucun calcul. Les lignes verticales y correspondent aux écarts de l'index ou aux valeurs de δ exprimés en millimètres; celles qui marqueraient les erreurs de l'angle C, ou les ε exprimés en secondes, sont seulement amorcées au bas de la figure; les horizontales et les obliques correspondent

respectivement aux distances D et à leurs erreurs e. Ces nombres se lisent, aux extrémités gauches des lignes quand on a employé la base courte, et aux extrémités droites quand on a opéré avec la base longue. Nous allons expliquer l'emploi de cet abaque par des exemples.

Soit à mesurer une distance dont la valeur connue est $D = 1600^m$. L'instrument a donné, avec la base *fil court*, la valeur $D + e = 1700^m$, qui est erronée en plus de $e = 100^m$. Ajoutons la moitié de cette erreur à D, et nous aurons

$$D + \frac{e}{2} = 1650^m,$$

moyenne entre la distance vraie et la distance fausse.

Suivons l'horizontale qui serait cotée, à gauche, 1650^m, jusqu'à l'oblique cotée aussi à gauche 100^m; imaginons une verticale par le point de rencontre, elle correspondra, sur l'échelle supérieure à $\delta = 0^{mm},88$, et sur l'échelle inférieure à $\varepsilon = 2' 32''$. Ce sont les quantités cherchées.

Supposons maintenant une longueur exacte $D = 3200^m$. Avec *fil long* on a trouvé 3000^m : erreur $= - 200^m$; moyenne de la longueur vraie et de la fausse

$$3100^m = D + \frac{e}{2}.$$

Suivons l'horizontale cotée à droite 3100^m, jusqu'à l'oblique cotée, aussi à droite, 200^m; par le point de rencontre, imaginons une verticale : celle-ci indiquera, sur la graduation supérieure $\delta = 1^{mm},00$, et sur l'inférieure $\varepsilon = 2' 52''$.

Dans l'un et l'autre cas, les signes de δ et de ε doivent toujours être pris contraire à celui de e; de telle sorte que δ et ε doivent être affectés du signe — dans le premier exemple, et du signe + dans le second.

Calcul des plus grandes erreurs à craindre sur les distances.

33. Quand, pour un très-grand nombre d'observations, on aura calculé les δ correspondant à chacune d'elles, on trouvera une valeur qui sera plus grande que les autres. Alors, de ce maximum Δ, on pourra conclure les plus grandes erreurs à craindre sur les diverses distances.

Pour cela, des équations (f), tirons la valeur de e; nous aurons

$$(h)\quad \begin{cases} \text{Pour fil court :} & e = \dfrac{-\Delta \times D(D+e)}{24000}, \\ \text{Pour fil long :} & e = \dfrac{-\Delta \times D(D+e)}{48000}; \end{cases}$$

ou bien, par à peu près :

$$(i)\quad \begin{cases} \text{Pour fil court :} & e' = \dfrac{-\Delta \times D^2}{24000}, \\ \text{Pour fil long :} & e' = \dfrac{-\Delta \times D^2}{48000}. \end{cases}$$

Ces dernières expressions donnent, à très-peu près, la moyenne entre les erreurs en plus et en moins qui correspondent à des Δ de même valeur et de signes contraires. Elles montrent que ces moyennes varient proportionnellement aux carrés des distances. Si, au lieu de ces moyennes, on veut les valeurs des erreurs en plus et en moins correspondant à une distance donnée, il faudra chercher d'abord les valeurs de e' [formules (i)], puis les mettre, à la place de e, dans les seconds membres des équations (h), d'abord avec le signe +, puis avec le signe —, et avec la précaution de donner à Δ le signe contraire (nº 33). Les équations (h) donneront alors des valeurs presque rigoureuses pour les erreurs en plus et en moins.

On trouvera ainsi, pour $\Delta = 1$ millimètre, $D = 1200^m$, et le fil court :

Moyenne des erreurs. $e' = \dfrac{1 \times 1200^2}{24000} = 60^m$;

Erreur en plus...... $e_1 = \dfrac{+1 \times 1200 \times 1260}{24000} = +63^m$;

Erreur en moins..... $e_2 = \dfrac{-1 \times 1200 \times 1140}{24000} = -57^m$;

L'abaque donnerait les mêmes solutions, pourvu qu'on

y opérât par deux approximations successives. Pour la seconde approximation, on devrait lire les erreurs au point de rencontre de la verticale cotée, en haut, 1.0, et des horizontales cotées, à gauche, 1230 et 1170, nombres qui sont à peu près les moyennes (nº 32) entre les distances fausses et la distance vraie.

Influence des causes d'erreurs négligées ci-dessus.

34. Dans tout ce qui précède, nous avons négligé les causes d'erreurs signalées à 1º, 4º et 5º du nº 27. On peut en tenir compte, par à peu près, en supposant qu'elles causent une erreur maximum, constante pour toutes les distances, de 2m,50 pour le fil court, et de 5 mètres pour le fil long. Il résulterait de cette erreur, un écart de l'index = δ_1, dont voici diverses valeurs :

VALEUR DE LA DISTANCE D.	VALEUR DE δ_1.	
	Fil court.	Fil long.
m	mm	mm
200	1,50	»,»»
400	0,38	1,50
600	0,17	0,67
800	0,09	0,38
1000	0,06	0,24
1500	0,03	0,11
2000	0,02	0,06
3000	0,01	0,03
4000	0,00	0,02

En réalité, pour former le Δ constaté par expérience, ce δ_1 s'ajoute à celui qui résulte des maximum des erreurs considérées au nº 29. Or on voit que le δ_1, résultant de l'erreur constante, influera bien peu sur le Δ conclu d'observations de distances plus grandes que 1000 mètres pour le fil court, et 2000 mètres pour le fil long. De sorte que les conclusions tirées ci-dessus de la valeur de Δ sont applicables à toutes ces grandes distances. Mais, pour les appliquer à l'écart maximum conclu de faibles distances, il faudrait :

1° Diminuer celui-ci du δ, correspondant à l'erreur constante ;

2° Appliquer au reste les calculs du n° 33, pour en conclure la partie des plus grandes erreurs qui peut provenir des incertitudes de la visée, etc. ;

3° Ajouter aux nombres obtenus la partie constante $2^m,50$ ou 5 mètres, suivant la base considérée.

C'est ainsi que l'on obtiendrait réellement les maximum d'erreurs à craindre pour chaque distance.

NOTE II.

DISCUSSION DE ONZE CENT QUARANTE EXPÉRIENCES POUR EN CONCLURE L'ERREUR À CRAINDRE DANS LES MESURES.

Enregistrement des expériences.

35. Nous allons appliquer la théorie de la note précédente à la discussion de 700 expériences faites avec le premier exemplaire du télomètre, exécuté en avril 1863, et de 440 expériences faites avec un télomètre construit vers la fin de la même année, et dont les prismes sont plus parfaits que ceux du premier. Ces observations ont été faites, comme dans tous les essais, par séries de 10, dont on a fait ressortir les moyennes. On voit aux pages suivantes deux spécimens du carnet destiné à leur inscription. Sur ce carnet, en regard de chacune des lectures et de leur moyenne, sont marquées les erreurs algébriques e, puis les écarts de l'index δ. On a vu, aux n°s 29 et 30, comment on calcule ces écarts, et pourquoi ils peuvent être pris comme une mesure directe de la précision des observations.

Spécimen du carnet des expériences.

BUT........... Clocher de Scy, à .... 3940m.

VISIBILITÉ...... Bonne ; se détache en noir sur un ciel gris.

BASE................	Fil long.	Fil long.
OPÉRATEURS..... A.	Commandant Goulier.	Capitaine Leperche.
OPÉRATEURS..... B.	Capitaine Leperche.	Commandant Goulier.
HEURES......... 11h.	48m,7 | 51m,3 | 53m,5	| | 58m,0
TEMPS pour 1re observ.	2m,6	
TEMPS pour moyennes.	4m,8	Pour double décade 9m,3.

DATE et REMARQUES.	DISTANCES lues. D.	ERREURS algébriques. e.	ÉCARTS de l'index. δ.	DISTANCES lues. D.	ERREURS algébriques. e.	ÉCARTS de l'index. δ.
2 mai 1863.	m	m	mm	m	m	mm
	4000	+ 60	−0,18	3760	−180	+0,58
	4100	+160	−0,48	3760	−180	+0,58
	4000	+ 60	−0,18	3750	−190	+0,62
	4050	+110	−0,33	3920	− 20	+0,06
	4000	+ 60	−0,18	3850	− 90	+0,29
	4100	+160	−0,48	3950	+ 10	−0,03
	4000	+ 60	−0,18	3800	−140	+0,45
	4200	+260	−0,76	3980	+ 40	−0,12
	4050	+110	−0,33	3830	−110	+0,35
	4050	+110	−0,33	3800	−140	+0,45
Sommes..........	550	»	»	8400	»	»
Moyennes.........	4055	+115	−0,35	3840	−100	+0,32

Spécimen du carnet des expériences.

BUT...... Arête de droite de la maison du cimetière, à 2098m.

VISIBILITÉ. Très-bonne; la façade blanche se détache sur un fond vert.

BASE..................	Fil long.	Fil long.
OPÉRATEURS..... A.	Lieutenant de la Noë.	Commandant Goulier.
OPÉRATEURS..... B.	Commandant Goulier.	Lieutenant de la Noë.
HEURES.......... 2h.	29m,5 | 32m,0 | 34m,1	| | 38m,5
TEMPS pour 1re observ.	2m,5	
TEMPS pour moyennes.	4m,6	Pour double décade 9m,0.

DATE et REMARQUES.	DISTANCES lues. D.	ERREURS algébriques. e.	ÉCARTS de l'index. δ.	DISTANCES lues. D.	ERREURS algébriques. e.	ÉCARTS de l'index. δ.
	m	m	mm	m	m	mm
2 mai 1863.	2025	— 73	+0,85	2170	+72	—0,76
Gd vent, très-gênant.	2050	— 48	+0,54	2150	+52	—0,55
	2055	— 45	+0,48	2150	+52	—0,55
	2045	— 53	+0,59	2150	+52	—0,55
	2000	— 98	+1,12	2160	+62	—0,66
	2060	— 38	+0,42	2140	+42	—0,45
	1995	—103	+1,18	2130	+32	—0,34
	2095	— 3	+0,05	2150	+52	—0,55
	2050	— 48	+0,54	2150	+52	—0,55
	2070	— 28	+0,31	2160	+62	—0,66
Sommes..........	445	»	»	1510	»	»
Moyennes.........	2045	— 53	+0,59	2151	+53	—0,56

Choix du but et nature des expériences.

36. On montrait tout à l'heure, au n° 34, que les causes d'erreurs, autres que celles de visée, ont une influence très-minime sur les valeurs de δ qui correspondent à de grandes distances. Aussi, pour constater l'importance de ces erreurs de visée, avons-nous choisi pour but le clocher de Scy, distant de près de 4000 mètres. Avec le premier instrument la distance à ce but a été mesurée, 300 fois par le capitaine d'état-major Leperche (actuellement chef d'escadron) et par nous, 200 fois par le lieutenant de la Noë (actuellement capitaine) et par nous, et 200 fois par MM. Leperche et de la Noë (*); et tout cela en employant alternativement le fil court et le fil long, et en faisant tenir successivement les instruments A et B par chaque observateur. Avec le second appareil, 240 mesures ont été faites par M. de la Noë et par nous, et 200 autres par nous seul, les instruments étant portés par des pieds. On peut tirer de ces opérations des conséquences remarquables dont nous allons indiquer les principales :

La longueur de la base influe peu sur les valeurs de δ.

37. Avec chaque groupe d'observateurs, placés de la même manière aux instruments A et B, les différences que présentent, pour la base courte ou la base longue, les valeurs moyennes et extrêmes de δ sont relativement assez faibles. On est tenté d'en conclure que la longueur de la base est sans influence bien notable sur cette valeur de δ. Cet écart de l'index est, au contraire, très-influencé par la situation des observateurs ; on peut en juger par le tableau suivant :

(*) Pour déterminer l'erreur de visée, il nous a paru convenable de faire de très-nombreuses observations sur un même objet distant de 3000 à 4000 mètres, plutôt que de varier les buts. Mais il faudrait encore faire des séries pour deux objets distants, l'un de 400 à 500 mètres, l'autre de 1200 à 1500 mètres. De la comparaison des δ obtenus, pour ces trois séries, on conclurait l'importance de ce que nous avons désigné par δ_1 au n° 34.

38. *Résumé des mesures de la distance au clocher de Sey.*

		OBSERVATEURS tenant l'instrument. A	B	NOMBRE des mesures.	NOMBRE des écarts. en +	en −	MOYENNE des écarts. δ	ÉCARTS extrêmes. le >	le <	MOYENNE des écarts extrêmes.
PREMIER TÉLOMÈTRE.	Observations simples.	Goulier.	Leperche.	150	16	134	−0,260	+0,42	−1,02	−0,30
		Leperche.	Goulier.	150	121	29	+0,255	+0,96	−0,38	+0,29
		Goulier.	de la Noë.	100	0	100	−0,615	−0,03	−1,28	−0,66
		de la Noë.	Goulier.	100	95	5	+0,468	+1,06	−0,18	+0,44
		Leperche.	de la Noë.	100	10	90	−0,345	+0,18	−0,90	−0,36
		de la Noë.	Leperche.	100	63	37	+0,150	+0,68	−0,32	+0,18
	Moyenne de décades.	Goulier.	Leperche.	15	0	15	−0,260	−0,03	−0,48	−0,26
		Leperche.	Goulier.	15	14	1	+0,255	+0,57	−0,05	+0,26
		Goulier.	de la Noë.	10	0	10	−0,615	−0,35	−0,91	−0,63
		de la Noë.	Goulier.	10	10	0	+0,468	+0,74	+0,18	+0,46
		Leperche.	de la Noë.	10	0	10	−0,345	−0,15	−0,53	−0,33
		de la Noë.	Leperche.	10	8	2	+0,150	+0,54	−0,06	+0,14
SECOND TÉLOMÈTRE.	Observat. simples.	Goulier.	de la Noë.	120	2	118	−0,559	+0,20	−1,09	−0,45
		de la Noë.	Goulier.	120	102	18	+0,509	+1,16	−0,64	+0,26
		Goulier.	Goulier.	200	122	78	+0,051	+0,18	−0,41	−0,12
	Moy^{nes} de décades.	Goulier.	de la Noë.	12	0	12	−0,559	−0,24	−0,81	−0,53
		de la Noë.	Goulier.	12	11	1	+0,509	+0,54	−0,07	+0,24
		Goulier.	Goulier.	20	13	7	+0,051	+0,25	−0,10	+0,08

La position des observateurs influe beaucoup sur les valeurs de δ.

39. On voit par ce tableau, que lorsque l'instrument A était tenu, soit par nous opérant avec M. Leperche ou M. de la Noë, soit par M. Leperche, opérant avec M. de la Noë, les écarts δ en moins avaient une grande tendance à se produire. On constate cela, non-seulement dans les moyennes de dix observations, mais même dans les observations simples :

1° Par le nombre de ces écarts en moins, qui l'emporte énormément sur celui des écarts en plus ;

2° Par la moyenne des écarts, qui est alors négative ;

3° Par la comparaison des valeurs des écarts extrêmes : ceux en moins sont bien plus grands que ceux en plus ;

4° Par la moyenne de ces extrêmes, qui est négative ;

5° Enfin, par cette circonstance que les valeurs de ces dernières moyennes, soit pour les observations simples, soit pour les moyennes de décades, s'écartent peu des moyennes générales correspondant aux mêmes observations.

Lorsque l'ordre des observateurs était inverse, les erreurs en plus se produisaient avec le même caractère.

Collimation personnelle.

40. Cela fournit un exemple très-remarquable de cette singularité de la vue, que les astronomes appellent *la collimation personnelle,* et qui fait que, *tel observateur pointe toujours trop à droite, et tel autre toujours trop à gauche.* Voici comment ce défaut de la vue produit la constance signalée, pour les écarts en moins ou en plus, suivant la position d'un observateur dont l'œil est affecté de cette erreur de collimation.

Lorsque cet observateur tient l'instrument A (*fig.* 9), il suppose en correspondance avec le voyant de B, l'image C_a de C quand, en réalité, cette image est à gauche ; de sorte que l'angle CAB est aigu au lieu d'être droit. Par suite, pour amener l'image réfractée de A en correspondance avec C_b, l'observateur C, qui par hypothèse n'a pas de collimation personnelle, n'a à dévier A que de ABA′ qui est moindre que l'angle C, ce qui lui fait lire, sur l'échelle, la distance trop grande à laquelle se rapporte cette déviation trop petite.

Lorsque, au contraire, le même observateur tient l'instrument B (*fig.* 10), l'autre observateur fait, en A, un angle droit BAC, et l'observateur B suppose, en coïncidence avec l'image C_b de C, l'image réfractée du voyant A lorsque, en réalité, cette dernière image est, comme tout à l'heure, à droite de C_b. Il a alors produit la déviation ABA′, qui est trop grande, cette fois, et qui correspond sur l'échelle à une distance trop faible.

Si l'observateur voyait la coïncidence quand l'image doublement réfléchie est en réalité à droite du voyant, il obtiendrait des erreurs de signes contraires.

41. Ainsi le même défaut produit des erreurs inverses sur les distances, suivant que le même observateur vise avec l'instrument A ou l'instrument B ; et si l'observateur qui concourt avec lui pour les mesures possède une collimation personnelle de signe contraire, les erreurs de ces mesures sont encore augmentées dans les mêmes sens. Les chiffres inscrits dans la colonne, *moyenne des écarts* δ, devraient donc être égaux pour les positions inverses des mêmes observateurs, et exprimer la différence algébrique de leurs collimations personnelles. S'ils sont inégaux, cela tient à l'erreur de l'index, à la variabilité de la collimation et à d'autres causes encore inconnues. Nous prendrons donc pour *collimations relatives* la moyenne des chiffres qui se rapportent aux deux positions inverses. Nous aurons ainsi, pour MM. Goulier et de la Noë, 0,54 avec le premier télomètre et 0,43 avec le second ; et, avec le premier, 0,26 seulement pour MM. Goulier et Leperche, et 0,25 pour MM. Leperche et de la Noë.

Valeurs des collimations relatives.

42. Cette collimation personnelle est certainement exaltée par la mobilité des appareils ; car les moyennes des écarts du tableau n° 38 sont environ doubles des nombres qui résulteraient des valeurs des collimations personnelles des mêmes observateurs, telles qu'on les a *constatées directement, pour les mêmes instruments portés par des*

Variabilité de la collimation personnelle.

pieds, en contrôlant avec une lunette les visées faites à l'œilleton.

Dans certains cas, la collimation de chaque observateur employant les mêmes instruments, paraît être variable. Pour M. de la Noë, en particulier, chez lequel cette erreur atteint des proportions inusitées (*), elle a paru varier, peut-être du simple au triple ou au quadruple, tant dans les expériences destinées à sa mesure directe, que dans les déterminations de distances. Cette augmentation s'est produite avec la fatigue de la vue causée par de longues séances de visées ; et cela, chose très-singulière! sans que les erreurs accidentelles aient été plus considérables chez l'observateur en question que chez les deux autres, ou aient augmenté avec l'exaltation de la collimation personnelle.

Il nous a semblé aussi, sans que nous ayons pu encore le constater d'une manière bien certaine, que la collimation personnelle variait avec l'éclat relatif du voyant et du but; et qu'elle n'était pas d'ailleurs la même avec tous les instruments. Nous supposons qu'elle sera considérablement diminuée dans les nouveaux appareils actuellement en construction, où les prismes agissent comme des lentilles concaves de 30 mètres de foyer (nº 11).

Loi des erreurs.

43. Le tableau nº 38 ne donne que les moyennes et les extrêmes des écarts de l'index, pour chaque groupe d'observations. Pour reconnaître la loi de ces écarts, voici ce que l'on a fait. Pour chaque groupe, on a recherché tous les écarts qui sont compris respectivement entre : $0^{mm},0$ et $+ 0^{mm},1$, entre $+ 0^{mm},1$ et $+ 0^{mm},2$, entre

---

(*) La collimation personnelle était certainement exaltée par la convexité des faces des prismes (nº 11), laquelle avait pour effet, lorsqu'il s'agissait de viser sur des objets éloignés, d'obliger les opérateurs à ajuster leur œil pour une presbytie exagérée ; dans ce cas les muscles servant à l'accommodation de la vue éprouvent une tension anormale, d'où résulte la fatigue qui se produit à la suite d'observations prolongées.

+ 0mm,2 et 0mm,3..... puis entre 0mm,0 et — 0mm,1, entre — 0mm,1 et — 0mm,2..... et ainsi de suite. On a ainsi obtenu le nombre de ceux des écarts dont les valeurs sont comprises entre ces diverses limites. Mais le nombre des observations des groupes variant de 100 à 150, on n'eût pas pu comparer directement, pour les différents groupes, les nombres d'écarts de même espèce; aussi a-t-on multiplié ces nombres par le rapport de 100 au nombre total des observations du groupe; ce qui a donné les nombres d'écarts que, dans les mêmes circonstances, on eût obtenus si le nombre des observations du groupe eût été de 100 seulement.

Les nombres d'écarts ainsi modifiés sont représentés, à raison de deux tiers de millimètre pour un écart, par les grosses ordonnées de figures de 11 à 14 (*). Sur ces figures, on a marqué, par une ligne pointillée, la moyenne calculée pour les écarts de chaque groupe, et l'on a mis l'un au-dessus de l'autre les figures qui se rapportent aux observations réciproques des deux mêmes observateurs. Cela rend bien sensible l'effet de la collimation personnelle et montre son importance pour les divers observateurs.

44. De l'examen des figures en question on tire les conclusions suivantes :

1° Les écarts se groupent, autour de leur moyenne, en Deux ordres d'erreurs.

(*) Le défaut de régularité dans la variation de longueur des ordonnées consécutives tient en grande partie à des circonstances telles que celles-ci : les fractions de 500 mètres s'estimant à vue, on lisait 3850, lorsque l'index s'arrêtait en réalité en des points compris entre 3835 et 3865, l'intervalle pour 15 mètres en plus et en moins étant inappréciable à l'œil. La distance vraie étant de 3940 mètres, on supposait donc une erreur de — 90 mètres, qui répondait à un écart d'index de + 0,29, alors que les écarts variaient entre + 0,33 et + 0,24. Il en résultait que l'on portait entre 0,2 et 0,3 certains écarts qu'on eût dû porter entre 0,3 et 0,4, ce qui chargeait la première colonne au détriment de la seconde.

diminuant de fréquence à mesure que leur valeur s'en écarte dans un sens ou dans l'autre. On en conclut immédiatement que les écarts observés tiennent à deux ordres de causes qui se superposent : d'abord une ou plusieurs *causes systématiques*, dont la plus importante est la collimation personnelle (*), et qui tendent à donner aux écarts la valeur de leur moyenne, puis une ou plusieurs causes accidentelles qui les écartent plus ou moins de cette moyenne ;

2° Les écarts extrêmes s'éloignent un peu plus de la moyenne dans les deux premiers et dans les deux derniers groupes d'observations que dans les autres. En en recherchant la cause dans les observations particulières, on trouve que cela tient à plusieurs décades de mesures faites alors que le but était dans la brume et peu, ou même à peine visible. On en conclut que le défaut de visibilité a augmenté d'un quart, peut-être même d'un tiers, les erreurs accidentelles. A part cela, ces erreurs sembleraient être les mêmes dans les huit groupes d'observations. Étudions maintenant séparément ces erreurs accidentelles.

Erreurs accidentelles.

45. Pour les isoler, nous avons retranché *algébriquement*, de chacun des écarts constatés, la moyenne des écarts du groupe dont il fait partie (tableau n° 38). Nous avons ensuite compté, parmi les 940 écarts corrigés, ceux qui sont compris entre des limites variant de 0mm,1 en 0mm,1. Nous avons enfin déduit, des nombres obtenus, les nombres proportionnels pour 100 observations. Dans la *fig. 15*. les grosses ordonnées représentent ces derniers nombres à raison de deux tiers de millimètre pour une

---

(*) Une autre cause est l'erreur commise dans le tracé de l'index ; elle agit toujours dans le même sens, quelle que soit la situation des deux observateurs. On peut la déduire de la somme algébrique des moyennes des écarts pour les observations réciproques. On trouve ainsi — 0,06 en moyenne, pour le premier télomètre, et, — 0,04, pour le second.

unité; la courbe pointillée est celle que, d'après la théorie des probabilités, on devrait obtenir en réunissant les sommets des ordonnées. L'accord serait plus satisfaisant, et l'on conçoit même qu'il pourrait devenir parfait, si, au moyen d'observations plus nombreuses, on détruisait les irrégularités accidentelles. Quoi qu'il en soit, de la théorie, d'accord ici avec les observations elles-mêmes, on tire les conséquences suivantes :

1° L'écart *moyen*, qui est la racine carrée de la moyenne des carrés des écarts partiels, est de 0m,27 ;

2° L'écart *probable*, c'est-à-dire celui qui est tel que les écarts plus grands et les écarts plus petits sont en nombre égal, est les $\frac{2}{3}$ environ de l'écart moyen ou 0mm,18 ;

3° Un centième seulement des écarts dépasse le nombre 0,70 (on voit en effet que sur 940 opérations, le nombre des écarts plus grands que 0,70 n'est que de 11 : ils se rapportent, presque tous, aux observations faites sur le but à peine visible) ; nous appellerons maximum cet écart qui n'est dépassé qu'une fois sur 100 (*) ;

(*) D'après la théorie des probabilités, les erreurs peuvent atteindre toutes les grandeurs ; mais elles se produisent d'autant plus rarement qu'elles sont plus grandes. Cette seconde proposition est encore vraie en pratique ; mais il n'en est pas de même de la première, car, à partir d'une certaine grandeur, l'erreur devient une faute qui tient à une inattention ou a un malentendu entre les opérateurs, etc. Le caractère d'une faute consiste, pour nous, en ce que la cause qui l'a produite est reconnue immédiatement par les opérateurs. Nous laissons de côté ces fautes pour ne raisonner que sur les inexactitudes qui tiennent inévitablement à l'imperfection de l'instrument et de nos organes. Le maximum absolu de ces erreurs peut se produire dès les premières expériences, comme aussi, il peut n'arriver qu'après un nombre très-considérable d'observations. Nous ne raisonnons pas sur ce maximum absolu, qui n'a aucun rapport géométrique avec l'erreur probable et l'erreur moyenne, mais sur une erreur telle, qu'elle ne sera dépassée, *en moyenne*, que une fois sur cent. D'après la théorie, ce maximum est égal à un peu moins de 4 fois l'erreur probable.

4° Les $\frac{4}{5}$ des écarts sont au-dessous de la moitié de ce maximum.

Erreur totale.

46. L'erreur totale d'une observation isolée se composera donc principalement de l'erreur accidentelle que nous venons d'étudier, de l'erreur de l'index et de la collimation personnelle. Quelles seront habituellement les valeurs de ces deux dernières erreurs. Pour l'erreur de l'index, on peut adopter au maximum $0^{mm},15$ (*). Pour la collimation personnelle, nous ne connaissons exactement que celles des trois observateurs dont nous discutons les observations; toutefois si les nombreux observateurs qui ont employé l'instrument avaient eu une collimation relative comparable à celle qui ressort des observations faites par MM. Goulier et de la Noë, cette collimation bien certainement eût été remarquée dans leurs expériences. Or nous n'avons rien constaté de pareil, ni dans les observations auxquelles nous avons assisté, ni dans celles qui ont été exécutées dans des écoles régimentaires, au nombre de six, de l'artillerie et du génie. Nous croyons donc être en droit, jusqu'à nouvel ordre, de considérer cette collimation comme vraiment exceptionnelle (**), et de prendre pour valeur habituelle de cette erreur le chiffre 0,26 qui est égal ou supérieur à celui des couples d'observateurs Goulier-Leperche et Leperche-de la Noë. Dans cette hypothèse, l'écart maximum pour une observation isolée serait : $0^{mm},70 \pm 0^{mm},15 \pm 0^{mm},25$; soit $\pm 1^{mm},10$, en supposant le cas, le plus défavorable, où toutes les erreurs s'ajouteraient. C'est d'après cela que

(*) Les nouveaux procédés que l'on emploie actuellement pour tracer les index permettent d'en fixer la position avec une approximation de $0^{mm},05$, ce qui réduit l'erreur maximum à 1^{mm} et modifie, conformément aux conclusions du n° 53, les rapports des erreurs des divers modes d'observation.

(**) La collimation relative moyenne, pour les positions inverses des observateurs Goulier et de la Noë, est de $0^{mm},54$, quantité qui correspond au chiffre relativement énorme de 1',33'.

nous avons marqué, à $1^{mm},10$ de chaque index, les deux petits traits qui l'accompagnent (n° 14). Et l'on conçoit comment ils indiquent les valeurs entre lesquelles peut errer la distance fournie par une seule observation.

47. En appliquant la même série de calculs et de raisonnements aux 94 moyennes de décades, diminuées de la moyenne des écarts du groupe dont elles font partie, et en ramenant encore le nombre des écarts à 100 observations, on trouve les ordonnées et la courbe théorique de la *fig. 16,* et l'on constate : 1° que l'écart accidentel probable est de $0^{mm},10$ et l'écart maximum de $\pm$ 0,39 (*) [les observations ont donné un maximum de — 0,38]; 2° que les $\frac{4}{5}$ des écarts sont au-dessous de $0^{mm},20$. Tous ces nombres sont les $\frac{5}{9}$ de ceux qui se rapportent aux erreurs accidentelles d'une seule observation ; de sorte que l'expérience prouve que, eu égard aux erreurs accidentelles, seulement, la moyenne de dix observations est près de deux fois plus précise qu'une observation unique.

Erreur des moyennes de décades.

Mais ce rapport d'exactitude est bien chargé par l'effet de la collimation personnelle et de l'erreur de l'index ; car nous avons vu que la somme de ces erreurs peut être de 0,41, auquel cas elle porterait la valeur de l'erreur maximum de 0,39 à 0,80, ce qui l'augmenterait dans la proportion de 2 à 1 au moins. Concluons de là que le maximum d'écart d'une moyenne de décade peut aller aux $\frac{8}{11}$ ou $\frac{5}{7}$ de l'écart d'une observation simple.

(*) Ce maximum et tous les autres grands écarts négatifs correspondent à des observations dans lesquelles le clocher se détachait en noir sur des nuages blancs. L'erreur a été alors exagérée par suite de l'obliquité qu'on a dû donner au rayon visuel, sur la base du prisme, pour obtenir une égale visibilité du voyant et du clocher. Eu égard aux dimensions de l'appareil, la partie de l'erreur qui provient de cette cause peut aller à un dixième de millimètre et plus. On la réduirait au quart de sa valeur en doublant la longueur du viseur, et alors l'erreur accidentelle maximum de la moyenne de dix observations deviendrait égale ou inférieure à la moitié de l'erreur maximum d'une observation isolée.

Atténuation de l'erreur.

48. On peut diminuer considérablement ces écarts de deux manières : soit en prenant la moyenne de deux décades observées avec des positions inverses des deux observateurs, ce qui compense la collimation personnelle ; soit en plaçant les instruments sur des supports fixes et en confiant l'observation à un seul observateur, ce qui élimine encore l'effet de la collimation. Voici ce que l'expérience nous a appris sur ces deux modes d'observation.

Observations par décades réciproques.

49. Pour le mode par décades réciproques, nous avons considéré séparément, dans chaque groupe, les décades faites, soit avec la base courte, soit avec la base longue ; et dans ces sous-groupes, nous avons combiné chaque écart moyen de décade donné par une certaine disposition des observateurs avec chacun des écarts moyens donnés par la disposition inverse. Nous avons ainsi obtenu 285 *moyennes* d'écarts, correspondant chacune à deux décades réciproques. Ces moyennes sont certainement plus grandes que celles que donneraient 285 séries de décades réciproques faites consécutivement, attendu que nous avons dû combiner entre elles des observations faites dans des conditions très-différentes, sous le rapport de la visibilité du but et de la collimation personnelle, laquelle, nous l'avons vu, varie avec la fatigue de l'œil. En traitant ces 285 résultats comme les précédents, on trouve les ordonnées et la courbe théorique de la *fig. 17*, un écart accidentel probable de $0^{mm},08$, et un écart accidentel maximum théorique de $0^{mm},32$ (d'après les observations on a $0^{mm},285$). Si l'on ajoute $\pm 0,15$ pour l'erreur possible de l'index, on aura 0,47 pour l'écart maximum, et les $\frac{4}{5}$ des écarts seront au-dessous de 0,31. Ces erreurs ne sont environ que les $\frac{5}{12}$ (*) de celles qui peuvent affecter une observation isolée, même en supposant que celle-ci ne

(*) Il est fort probable que, pour des observations réciproques successives, ce rapport descendrait à $\frac{2}{5}$ ou même à $\frac{1}{3}$. La constatation de ce fait est assez importante pour qu'il y ait intérêt à faire toutes les expériences par décades réciproques successives.

soit affectée que de la collimation personnelle restreinte que nous avons admise ci-dessus.

Observations avec des instruments fixes.

50. Relativement aux observations avec instruments fixés sur des pieds, nous avons pris, en visant successivement dans l'instrument A et dans l'instrument B, 200 mesures dont le résumé est inscrit dans le tableau n° 38. La moyenne des écarts, + 0,051, tient sans doute uniquement à l'erreur de l'index, erreur faible dans l'appareil employé. En retranchant d'abord cette erreur des différents écarts, pour avoir les *écarts accidentels,* et en traitant ceux-ci comme pour les observations précédentes, on a la *fig. 18* (*) et les conséquences suivantes : écart accidentel probable ± 0mm,10 ; écart accidentel maximum ± 0,36 (le maximum observé a été 0mm,31). Si l'on ajoute 0,15 pour l'erreur possible de l'index, on aura 0mm,51 pour écart maximum ; et les $\frac{4}{5}$ des écarts devront être au-dessous de 0,33. Ces nombres sont environ les $\frac{9}{20}$ de ceux qui se rapportent à une observation simple avec instruments portatifs, et sont plus forts, de $\frac{1}{14}$ seulement, que ceux qui se rapportent à la moyenne de deux décades réciproques, faites dans les mêmes conditions de mobilité. On voit ainsi le grand avantage, sous le rapport de la précision, que procure la fixité des instruments, et combien il importerait de faire usage de supports s'ils n'étaient embarrassants.

Écarts augmentés des erreurs de lecture.

51. Aux écarts que nous venons de déduire des expériences faites sur un but distant de près de 4000 mètres, il convient d'ajouter ceux que nous avons désignés au n° 34 par δ_1, et qui, insignifiants pour cette grande distance, deviennent importants pour de plus petites. Les δ_1 du numéro cité sont des maximum qui ne doivent s'ajouter

(*) Le désaccord entre la courbe théorique et les observations est, dans le cas actuel, plus grand que dans ceux que nous avons considérés précédemment. Cette circonstance doit être attribuée à la plus grande influence de l'inexactitude dans la lecture, les écarts des observations étant moindres.

qu'aux maximum des écarts qu'on a trouvés pour les observations isolées faites avec ou sans supports. Dans les autres conditions, la compensation se produit pour eux comme pour les autres erreurs accidentelles ; aussi, avant de les ajouter aux écarts maximum d'une moyenne, faut-il les réduire dans le rapport des deux erreurs accidentelles maximum, trouvées pour cette moyenne et pour une observation isolée, soit $\frac{0,39}{0,70}$ pour les moyennes de décades, et $\frac{0,32}{0,70}$ pour les moyennes de deux décades réciproques. Enfin, pour les $\frac{4}{5}$ des erreurs, il faut diminuer de moitié tant ces maximum réduits que les maximum primitifs (*).

Abaques des erreurs à craindre sur les distances.

52. En ayant égard à l'addition de ce δ^1, on a tracé les deux abaques (*fig. 19* et *20*) qui font connaître : l'un, l'erreur en mètres qui ne sera dépassée qu'une fois sur cent ; l'autre, celle qui ne sera dépassée qu'une fois sur cinq. Pour se servir de ces figures, on cherche le point où l'horizontale qui se rapporte à la distance considérée rencontre la courbe relative au mode d'opération que l'observateur a suivi. On lit ensuite, sur l'oblique correspondante, le résultat cherché. Pour les observations faites avec la base courte, la distance et l'erreur se lisent aux extrémités gauches des lignes. Quand on emploie la base longue les lectures se font aux extrémités droites. Exemples : — Pour une distance de 900 mètres, mesurée avec le fil court, par une observation unique, la figure 19 montre que l'erreur maximum est de 40 mètres. — Pour une distance de 2000 mètres, mesurée avec la base longue, par la moyenne de deux décades réciproques, la figure 20 indique que l'erreur, 27 mètres, ne sera pas dépassée qu'une fois sur cinq épreuves.

(*) Nous négligeons ainsi l'équation personnelle de lecture qui a peu d'influence sur le résultat.

On n'obtient ainsi que les moyennes des erreurs en plus et en moins. Si l'on voulait en conclure les valeurs particulières de ces dernières, il faudrait agir comme cela a été expliqué au nº 33.

53. En résumé, on peut mnémoniser les résultats de la manière suivante : 1º pour les distances moindres que 1000 mètres, on a toujours une précision plus que suffisante pour les besoins de l'artillerie ; 2º pour les distances de 1000 à 2000 mètres et au delà, l'erreur croît proportionnellement au carré de la distance ; 3º avec le fil long et une observation unique, l'erreur qui ne sera dépassée qu'une fois sur cent est 25 mètres à 1000 mètres et de 100 mètres à 2000 mètres ; 4º pour fil long et une moyenne de décade, ces erreurs sont réduites de $\frac{1}{3}$; 5º pour le même fil et la moyenne de deux décades réciproques, elles sont réduites de $\frac{3}{5}$: elles sont donc de 10 mètres à 1000 mètres et de 40 mètres à 2000 mètres ; 6º les $\frac{4}{5}$ des erreurs sont au-dessous des deux tiers de ces maxima ; 7º avec le fil court, ces diverses erreurs sont doublées. Conclusion mnémonique.

Note additionnelle sur l'emploi du télomètre par l'artillerie.

Pour le service de l'artillerie, auquel le télomètre est surtout destiné, il ne suffit pas que l'appareil donne une exactitude satisfaisante et qu'il soit d'un emploi commode, il faut encore que, pendant le transport, il soit à l'abri des chances de détérioration, et que le capitaine commandant une batterie puisse l'avoir toujours sous la main. Le mémoire précédent prouve que l'appareil satisfait aux deux premières conditions. Voici comment on a réalisé les deux dernières :

La conservation de l'appareil est assurée par la solidité et la disposition de la boîte qui le renferme. On est parvenu, en effet, à faire en sorte que les deux instruments A et B pussent y être posés librement, sans que l'on fût obligé de manœuvrer ni tourniquets ni verroux d'arrêt. C'est le couvercle de la boîte qui, en la fermant, cale les instruments de telle manière qu'ils ne puissent plus ballotter. Ce couvercle est d'ailleurs muni d'un ressort-verrou qui lui permet de se *fermer de chute*. On évite ainsi les Disposition de l'appareil dans sa boîte.

accidents que pourrait entraîner la maladresse ou la précipitation des observateurs, ainsi que l'oubli de fermer les crochets de la boîte.

Moyens de transport du télomètre.

Quant aux moyens de transport, voici les dispositions auxquelles nous nous sommes arrêté, d'après le conseil de plusieurs officiers d'artillerie.

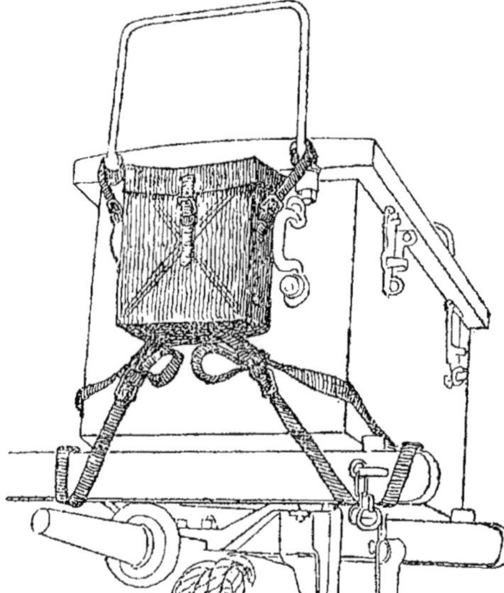

La boîte se loge dans un sac de cuir muni d'un coussin et de quatre courroies.

Pendant une route, ce sac se place, avec les équipements des servants, dans le coffre d'avant-train du chariot de batterie.

Près de l'ennemi, le sac se suspend, à l'aide des deux petites courroies, aux coudes de l'une des poignées d'un coffre d'avant-train; les deux longues courroies embrassent l'armon de l'avant-train et empêchent tout ballottement. La figure ci-dessus explique suffisamment cette disposition, qui est la même pour les coffres de 4 et de 12.

Pendant l'action, si le capitaine d'une batterie veut avoir toujours l'instrument sous la main, il peut, au moyen de longues courroies redoublées et disposées en bretelles, faire porter le sac à dos par son trompette, ainsi que le montre la figure qui, sur le frontispice, représente l'opérateur A.

Dans les deux derniers cas quand, pour s'en servir, on sort l'instrument de la boîte, on replace immédiatement celle-ci dans le sac.

Mode habituel d'emploi.

Voici l'un des modes d'emploi du télomètre : Un officier se porte au galop sur une position que sa batterie doit venir occuper, il se fait accompagner du trompette et de son ordonnance. L'officier et l'un des hommes mettent pied à terre et confient les rênes de leurs chevaux à l'autre homme. Généralement, avant que la batterie soit prête à ouvrir le feu, les deux premiers auront eu le temps de déterminer la distance du but à battre, et de la *contrôler par une deuxième mesure* qui ne demande que quelques secondes de temps.

INSTRUCTION PRATIQUE

SUR L'USAGE DU

TÉLOMÈTRE A PRISMES

Les termes techniques ont été évités dans cette instruction. Elle peut suffire aux personnes les moins instruites dans les sciences physiques et mathématiques.	Pour employer convenablement le télomètre, il faudra relire attentivement cette instruction, après avoir fait quelques opérations en la suivant pas à pas.

§ Ier. — Description, nomenclature et nettoyage de l'appareil.

1. L'appareil comprend deux instruments distincts marqués A et B sur leurs *voyants*. Pendant l'observation les instruments sont reliés par un fil métallique enroulé dans une bobine qui fait partie de A. A l'extrémité libre de ce fil est un *porte-mousqueton* qui, pendant l'emploi des instruments, doit être accroché à un piton fixé au bas du voyant de B.

2. Sortez l'instrument B de la boîte. Derrière son voyant vous verrez une longue coulisse en cuivre, dans laquelle se meut un *châssis* portant un grand verre. Le mouvement est donné, à ce châssis, par des roues dentées que l'on fait tourner au moyen du *bouton molleté* placé vers le bas du voyant. Le châssis porte deux *index*, qui marquent les distances sur deux échelles tracées, l'une à droite et l'autre à gauche, et intitulées : la première, *fil court* et la seconde *fil long*.

3. Lorsque le châssis est déplacé jusqu'à l'extrémité gauche de la coulisse, il est arrêté par le bec d'un ressort. Quand on abaisse ce ressort, en agissant sur la partie qui dépasse la coulisse, à gauche, on peut retirer complétement le châssis, ce qui permet d'essuyer les deux surfaces du verre qu'il contient.

3. En regard du milieu du voyant, se voit un petit verre circulaire enchâssé dans une pièce métallique que, par un léger effort, on peut faire pivoter autour d'une charnière horizontale, placée à la partie inférieure de la pièce. Cette disposition permet d'essuyer les deux faces de ce petit verre.

4. On voit encore, couché le long de la coulisse, *un viseur* (sorte de lunette) fixé sur l'une des branches d'une double équerre qui porte un cube métallique. Par un léger effort, on doit faire pivoter cet ensemble autour d'une charnière verticale, pour rendre le viseur perpendiculaire au plan du voyant.

5. Alors, si l'on fait faire au viseur un quart de tour à gauche pour le dégager de son encastrement, on voit que la moitié de la hauteur du cube métallique est occupée par un *prisme en verre*. Celles des faces de ce prisme qui sont parallèles aux faces du cube sont transparentes; deux des autres faces, qui sont renfermées dans le cube, sont étamées.

Sur la face gauche du cube est un écran ou *garde-soleil* qui préserve la partie supérieure du prisme de l'action directe des rayons du soleil.

6. L'instrument A contient un prisme et un viseur semblables à ceux de l'instrument B. On doit faire pivoter sa plaque-voyant autour de la charnière, pour rendre cette plaque perpendiculaire au viseur. Elle est retenue, dans cette position, par un *ressort-verrou* qui en pince le bord inférieur.

Parfois il existe, au centre du voyant, un verre convexe qui a pour but de compenser certains défauts du prisme. Ces verres n'existeraient pas dans des appareils de fabrication courante.

7. Certains télomètres sont munis de lunettes que l'on peut substituer aux viseurs. Aux extrémités de ces lunettes se voient deux verres que l'on peut écarter l'un de l'autre en tirant l'*œilleton*, c'est-à-dire le gros bouton molleté qui porte le petit verre.

8. Avant d'employer les instruments, on doit toujours examiner si les surfaces apparentes des verres que nous venons de signaler sont bien propres; sinon il faudrait les essuyer. (Il faut enlever les viseurs pour essuyer l'une des deux faces des prismes).

Pour bien essuyer un verre, il suffit de le frotter avec un linge fin et propre, après y avoir condensé la vapeur de l'haleine. On doit recommencer cette double opération jusqu'à ce que la vapeur de l'haleine, condensée de nouveau sur la surface, y forme un ton régulièrement mat.

9. L'instrument A porte une *bobine*, dans laquelle est enroulé le fil métallique qui fixe la longueur de la base d'opération. Au-dessus de la fente, munie de *rouleaux*, par laquelle ce fil sort, on voit un *verrou* cylindrique. Quand on engagera ce verrou dans le trou d'une sorte de *navette* qui existe au milieu du fil, on arrêtera le développement de celui-ci, et l'on obtiendra la longueur de base à laquelle correspond l'échelle de l'instrument B notée *fil court*; en développant le fil jusqu'à ce que l'on voie, en dehors des rouleaux, l'extrémité de la pièce de laiton à laquelle il est attaché, on obtiendra la base notée *fil long*.

N. B. On ne doit jamais permettre que le fil se replie sur lui-même; car alors il se forme des boucles qni le font casser. Quand on enroule le fil dans la bobine il faut le tendre très-modérément. (Voir au n° 30).

§ II. — Exercices préparatoires à l'emploi des instruments.

10. Tenez, dans la main gauche, la poignée de l'instrument A, de sorte que la ligne noire de son voyant soit verticale. Regardez dans le viseur, après avoir placé la main droite d'équerre sur le voyant pour masquer la fenêtre pratiquée dans la face droite du cube. Vous verrez, à travers la fenêtre du voyant, les objets qui sont devant vous. Et, pour faire en sorte qu'un point d'un objet (le sommet ou le pied d'un arbre, par exemple) soit vu en contact avec la base supérieure du prisme, il vous faudra incliner l'instrument, soit d'avant en arrière, soit d'arrière en avant.

11. Enlevez la main droite pour la placer en avant de la fenêtre du voyant. Vous verrez alors, en face de vous, réfléchis par le prisme comme dans un miroir, les objets qui sont à votre droite; et, si vous penchez lentement l'instrument, d'abord de droite à gauche les images sembleront s'abaisser, puis de gauche à droite elles paraîtront s'élever. De sorte que, par un mouvement latéral de la main, vous pourrez amener l'image d'un point d'un objet (du sommet d'une cheminée d'usine, par exemple) en correspondance avec la base supérieure du prisme, base qui est la limite supérieure du cadre qui semble contenir l'image.

12. Démasquez maintenant la fenêtre du voyant, et *tenez la poignée avec les deux mains, les jambes écartées;* puis faites maintenir le voyant de l'instrument B à vingt pas devant vous, et de telle sorte qu'il soit vu à quelques centimètres de la verticale de la cheminée d'usine. Nous allons nous proposer de faire coïncider l'image du sommet de cette cheminée avec la ligne noire du voyant B. Pour cela, par les inclinaisons d'avant ou d'arrière, vous amènerez ce voyant en contact apparent avec la base supérieure du prisme; par celles de droite ou de gauche vous amènerez le sommet de la cheminée à la même hauteur. Si vous fléchissez la jambe droite ou la jambe gauche, vous vous déplacerez dans un sens ou dans l'autre sur les hanches, ce qui déplacera, horizontalement et dans le même sens, la cheminée par rapport au voyant. Par ces mouvements combinés vous pourrez donc obtenir que l'image du sommet de la cheminée semble se projeter sur le milieu du voyant de B.

13. Pour estimer cette superposition avec exactitude il faut, par de légers mouvements de la main, soit d'avant en arrière, soit de droite à gauche, ou réciproquement, arriver à noyer les deux objets dans une sorte de bande nuageuse qui sépare l'ensemble des objets vus directement de ceux qui sont vus par réflexion, et à leur donner des degrés de visibilité qui soient sensiblement égaux et aussi grands que possible.

14. Si pendant ces essais, tout aussi bien que pendant les observations dont il sera question plus loin, les rayons solaires

tombaient sur le prisme, soit en avant, soit de côté, il pourrait parfois en résulter une sorte de voile lumineux très-gênant pour l'observation. On y obvierait en employant un aide à projeter de l'ombre sur l'instrument.

15. Passons à l'emploi de l'instrument B. Regardez dans l'œilleton de cet instrument, vous verrez comme tout à l'heure: 1° directement, à travers la fenêtre du voyant, les objets qui sont devant vous (par exemple le voyant A que vous y aurez fait placer), 2° réfléchies par le prisme, les images des objets qui sont à votre gauche. Par des mouvements de main analogues à ceux de tout à l'heure, vous pourrez amener à la même hauteur, c'est-à-dire en correspondance avec la base supérieure du prisme ou dans la bande nuageuse, et le voyant de A vu directement, et un point donné d'un objet réfléchi. Agissez alors sur le bouton molleté, pour déplacer le châssis du grand verre; le voyant de A semblera se déplacer latéralement, soit de droite à gauche, soit de gauche à droite, pendant que les images réfléchies resteront immobiles. Vous pourrez donc, tout en restant immobile vous-même, accorder, avec des visibilités convenables, l'image du point visé avec le centre du voyant, et cela en combinant, avec les inclinaisons diverses de l'instrument, le déplacement du grand verre, lequel déplacement produit le même effet que le dérangement du corps de l'observateur dans le cas précédent.

16. Quand l'image réfléchie d'un objet est vue vers le centre du prisme d'un instrument, le prolongement de l'arête supérieure du voyant passe à deux degrés environ au-dessus de cet objet. On profite de cette remarque pour trouver, dans l'instrument, l'image réfléchie d'un objet donné. Pour cela il faut pencher l'instrument du côté opposé à cet objet, et plus ou moins suivant que celui-ci est plus ou moins élevé au-dessus de l'horizon; puis on tourne lentement autour de soi jusqu'à ce que l'on rencontre l'objet au milieu du paysage, qui semble défiler devant l'observateur.

17. Pour employer les lunettes il faut les engager à fond dans leurs encastrements, afin que la fente de chaque œilleton soit rendue perpendiculaire à la ligne noire du voyant; puis il faut les *mettre au point*. Pour cela on dirige chaque instrument de telle sorte qu'on puisse voir dans sa lunette, 1° directement *un objet sombre*, 2° par réflexion des objets *très-éloignés*, *bien éclairés et bien définis* (des maisons par exemple). On tire alors l'œilleton, puis on l'avance ou on le recule, à diverses reprises, de quantités de plus en plus faibles, jusqu'à ce que l'on obtienne que les *objets réfléchis* y soient vus *avec la plus grande netteté;* alors la lunette est au point.

Cette position de l'œilleton varie d'un opérateur à un autre, mais elle est constante pour un même opérateur. Celui-ci peut repérer cette position à l'aide d'un trait fait sur le *coulant*.

§ III. — Détermination de la distance de A à C.

18. Pour cette détermination, il faut deux opérateurs auxquels nous donnerons les noms des instruments qu'ils emploient. L'un d'eux tenant l'instrument A reste en place pendant que l'autre, muni de l'instrument B auquel le fil est attaché par le porte-mousqueton, déroule ce fil selon la perpendiculaire à A C, sur laquelle il est dirigé par l'opérateur A. Si l'on veut opérer avec la base courte, B s'arrête dès que la navette est sortie de la bobine ; A tourne celle-ci pour y faire rentrer le fil, jusqu'à ce que la navette soit pincée entre les deux rouleaux, et il la maintient par le verrou. Si l'on veut opérer avec la base longue, on développe le fil jusqu'au bout.

19. La base courte est généralement suffisante pour les distances moindres que 1,000 mètres. Pour les distances plus grandes, quand on vise à la précision, il faut employer la base longue.

20. Pendant que l'opérateur B déroulait le fil, l'opérateur A *avait penché légèrement son instrument à gauche, et, en tournant autour de soi,* il avait cherché à découvrir, dans l'image réfléchie de la campagne, celle du but C (nº 16). (Pour faciliter les premiers essais, un aide peut diriger l'arête supérieure du voyant A un peu au-dessus du but). Dès que A a aperçu l'image de ce but, il a fait signe à B de se déplacer dans un sens convenable, pour amener cet observateur à peu de distance de l'image.

21. Alors B s'arrête en tendant modérément le fil *(la flèche de celui-ci doit être, de* 0^m25 *à* 0^m50 *quand on emploie la base courte, et de* 0^m70 *à* 1^m20 *quand on emploie la base longue);* puis B regarde A à travers le viseur. Pour assurer, pendant l'observation, l'invariabilité de la position de son instrument, *invariabilité indispensable*, B **écarte les jambes** *et maintient son instrument des deux mains, la droite sur le bouton molleté.*

22. A se déplace ensuite latéralement, pour amener l'image du but, qui semble se déplacer avec lui, en correspondance avec le voyant de B. Puis il *écarte les jambes*, il empoigne l'instrument de la main gauche, et il embrasse la bobine avec la droite, en posant l'ongle du petit doigt sur le fil. Enfin par les mouvements d'oscillation de l'instrument, et par les balancements du corps sur les hanches, tels qu'ils sont détaillés au nº 12, il fait en sorte que le point C paraisse se projeter sur le centre du voyant de B. Alors son instrument est au sommet d'un angle droit C A B. Il doit en avertir B, par les vibrations qu'il imprime au fil en *pinçant* très-légèrement celui-ci, comme une corde de guitare, avec l'ongle du petit doigt.

23. Pendant ce temps, *tout en restant immobile*, B a dû

amener, par les oscillations de l'instrument et le mouvement du bouton molleté (n° 15) l'image de C en correspondance approchée avec le centre du voyant de A. Au moment même de l'avertissement il fait mouvoir le bouton pour rectifier cette coïncidence ; puis il fait la lecture de la distance, sur celle des échelles qui correspond à la longueur de fil employée.

Les différences entre cette lecture et celles que l'on ferait en regard des deux petits traits qui accompagnent les index donnent les plus grandes erreurs, en plus et en moins, auxquelles l'observation est habituellement exposée.

Quand on emploie les lunettes au lieu des viseurs, ces erreurs sont réduites à moitié, tant pour les observations simples que pour les moyennes, faites comme il sera dit aux n°s 26 et 27.

24. Il est bon d'insister sur ce que, pour l'exactitude du résultat, les observateurs doivent, par leur attitude, éviter les oscillations latérales. Ils doivent d'ailleurs bien s'entendre sur le point qu'ils visent. Si la hauteur apparente du but excède beaucoup celle du voyant, il est indispensable *qu'ils visent tous les deux la même extrémité, c'est-à-dire, qu'ils fassent coïncider, avec la ligne noire du voyant, l'image de cette extrémité elle-même et non pas seulement celle d'un point quelconque de sa verticale :* ce qui pourrait donner lieu à des erreurs très-grandes. Il n'est pas indifférent non plus, de viser une arête ou le milieu d'un objet qui est symétrique par rapport à un axe vertical ; par exemple la façade d'une maison ou la ligne de séparation d'ombre et de lumière qui la termine. Quand l'image réfléchie paraît ne pas être beaucoup plus large que le voyant, on obtient plus de précision en pointant à son centre qu'en visant sur l'arête.

25. L'*opérateur* B peut s'assurer si son *aide* A vise convenablement. Pour cela, il fait une première observation ; puis, sans déranger le châssis, B incline son corps, soit à droite, soit à gauche, pour déplacer son voyant de quelques centimètres. Il résulte de ce déplacement, que l'image du but C lui paraît ne plus correspondre exactement à la ligne noire du voyant A. Ce petit changement oblige A lui-même à se déplacer. Et si, lorsque celui-ci fait vibrer le fil, B constate que la coïncidence n'est pas rétablie entre l'image réfléchie de C et le voyant A, il est certain que A a mal visé, soit maintenant, soit à l'opération précédente.

26. Lorsque l'opérateur B est sûr de l'aide A qu'il emploie, il peut faire, en quelques secondes, une nouvelle opération qui serve de contrôle pour la première. Pour cela il se déplace comme tout à l'heure de quelques centimètres, mais il déplace aussi le châssis. L'observation recommencée dans ces nouvelles conditions, est tout-à-fait indépendante des précédentes. Si l'on visait à la précision, on pourrait faire de la même façon dix opérations successives ; l'erreur probable de leur moyenne serait plus faible d'un tiers que celle dont peut être affectée une opération unique.

27. On peut réduire l'erreur aux $\frac{2}{3}$ de celle d'une observation simple en prenant la moyenne de deux dizaines d'opérations, à la condition que les opérateurs qui, pour la première dizaine, tenaient A et B, changent de rôles pour la seconde.

28. Pour la distance à un but mobile, et en mer sur un navire qui s'embosse ou défile devant une batterie, B reste encore fixe et A se place de telle sorte que l'image du but lui semble être voisine et se rapprocher de B. Puis il avertit cet opérateur par les mots successifs: *attention!* et *bien!* d'abord que l'image approche du voyant, puis qu'elle s'y superpose; et même, en inclinant le corps, il maintient cette superposition pendant quelques instants. De son côté, en mouvant le bouton molleté, B a dû maintenir l'image du but en correspondance avec le voyant de A; il arrête le mouvement au second commandement, et si pendant quelques instants la correspondance subsiste, il lit la distance sur l'échelle.

29. Pour les distances moindres que 400 mètres, B met le trait gravé sous l'extrémité gauche du châssis en regard de l'un des quatre traits chiffrés, 20, 50, 100 ou 200; et, *après avoir détaché le fil de son instrument*, il s'éloigne de A à la distance qu'il estime être convenable, et il reste fixe. A se déplace alors latéralement pour amener l'image réfléchie du but sur le voyant de B, et il crie *bien!* Puis *sans toucher au châssis*, B avance ou recule selon que l'image du but lui paraît à droite ou à gauche du voyant de A, et il s'arrête encore pour permettre à A de se placer de nouveau et pour se déplacer ensuite lui-même dans le sens convenable. Ces tâtonnements continuent jusqu'à ce que A et B voient, *simultanément*, le but correspondre au voyant de l'autre. Alors la distance cherchée est le produit de celle qui sépare les prismes par le nombre écrit près de celui des traits que l'on a choisi.

Ce mode d'observation est applicable à toutes les distances. Selon qu'on y aura employé le trait chiffré 20, 50, 100 ou 200, l'erreur maximum sera, avec les viseurs, $\frac{1}{40}$, $\frac{1}{16}$, $\frac{1}{8}$ ou $\frac{1}{4}$ de la distance cherchée. On peut la réduire à moitié par l'emploi des lunettes. On peut, en outre, par la moyenne de 10 ou 20 épreuves, comme aux nos 26 et 27, réduire la dernière erreur de $\frac{1}{3}$ ou des $\frac{3}{5}$.

§ IV. — Soins exigés par le fil et son raccommodage.

30. *Il importe beaucoup, pour la conservation du fil métallique, d'éviter que ce fil se replie sur lui-même*, sans quoi il se forme des boucles qui en occasionnent la rupture. Pour éviter cet accident, il faut que les opérateurs A et B ne se rapprochent jamais sans que le premier enroule le fil dans sa bobine; et il importe que, pendant cet enroulement, l'un des observateurs marche vers l'autre de manière que le fil soit entièrement développé, *sans toutefois être trop tendu.* Il faut encore, pour qu'il se place convenablement dans la bobine, *que celle-ci soit*

maintenue dans une direction telle que le fil, en y pénétrant, soit à peu près parallèle à ses bases. Si ces précautions ne sont pas observées, le fil pourra, quoique très-rarement, se mêler dans la bobine ou se rompre. Voici alors ce qu'on devra faire :

31. Si, quand on le déroule, on éprouve de la résistance, on essaiera de la vaincre par une traction brusque du fil, après en avoir enroulé deux ou trois tours en exerçant sur lui une tension assez forte. Si la résistance persiste, le fil sera mêlé; pour le démêler on retirera la bobine de sa boîte, après avoir dévissé le bouton molleté qui la fixe sur son axe.

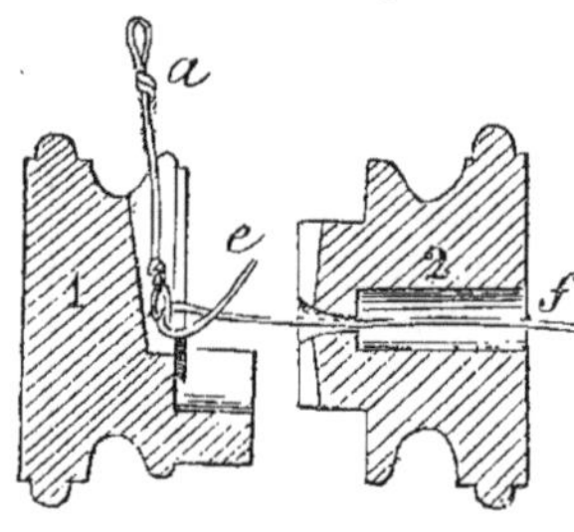

Si le fil est rompu, prenez dans la boîte les deux boutons 1 et 2, et l'une des attaches à double boucle a. Placez-vous parallèlement au fil à raccommoder. Engagez celle des extrémités de ce fil f, qui est à votre droite, dans une boucle de l'attache et repliez-en 8 à 10 millimètres, par un mouvement de torsion de la main droite. Engagez ce pli verticalement, dans la rainure de la plaque d'acier du bouton 1, pendant que l'attache a se loge dans le canal creusé derrière cette plaque. Engagez le fil f, par la rainure, jusqu'à l'axe du bouton 2 ; et, pendant qu'on tend le fil f, tension à laquelle vous résistez de la main gauche, approchez, avec la droite, le bouton 2 de telle sorte que l'extrémité e du fil s'engage dans la rainure transversale du bout d'acier de ce bouton. Tournez alors celui-ci en exerçant vers la gauche une pression graduellement croissante, pour enrouler le bout du fil e autour de f. Quand cet enroulement sera complet, faites encore, pour l'emboutir, un à deux tours du bouton 2 en le pressant fortement vers 1.

32. Le fil qui est à votre droite étant ainsi rattaché, faites un demi-tour sur vous-même pour rattacher, à la seconde boucle de l'attache, l'autre extrémité du fil, qui sera alors à votre droite. Et vous aurez rétabli la continuité du fil, sans diminuer sa longueur.

Quand on constate que le fil s'est allongé par l'usage (sa longueur est gravée sur la bobine), on peut profiter de son raccommodage pour raccourcir l'un des deux bouts, avant de réunir ceux-ci par l'intermédiaire d'une attache.

Nota. Avant d'entreprendre, sur le fil même de l'instrument, l'opération que l'on vient d'expliquer, il est prudent de s'y exercer sur un fil semblable qui est dans la boîte.

Metz, Septembre 1869.

Metz, imp. de Ch. Thomas.

TABLE ANALYTIQUE DES MATIÈRES.

MÉMOIRE SUR LE TÉLOMÈTRE.

NOTE I.

NOTE II.

NOTE ADDITIONNELLE.

INSTRUCTION PRATIQUE

SUR L'EMPLOI DU TÉLOMÈTRE A PRISMES.

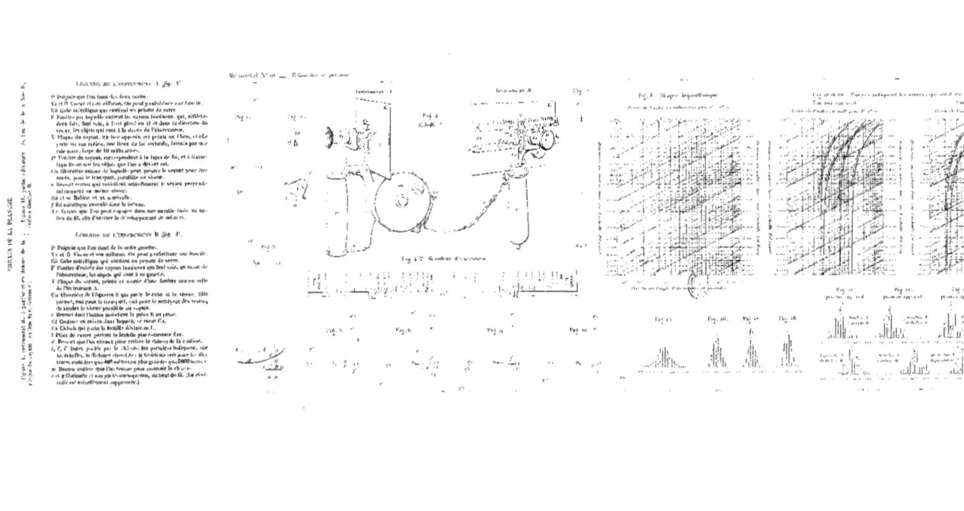
LÉGENDE DE L'INSTRUMENT A (fig. 1)
LÉGENDE DE L'INSTRUMENT B (fig. 4)

www.ingramcontent.com/pod-product-compliance
Ingram Content Group UK Ltd.
Pitfield, Milton Keynes, MK11 3LW, UK
UKHW020344250726
13967UKWH00005B/2099

9 782013 062183